The Analects of Confucius

人間を見極める

人生を豊かにする「論語」

小林充治

PHP

まえがき

「お父さん、私のこと、見てくれていなかったでしょう」——娘のこの一言で、私の人生は一八〇度変わりました。

貧しい田舎暮らしから抜け出すために、一旗揚げようと歯科医となって一心不乱に働いていたのですが、振り返ってみれば、私は家族のことは全く顧みず、仕事もうまくいかなくなり、それどころか自分さえ見失って、お金や地位にしがみついて働くばかりの人間になっていたのです。

気づいた時には、娘は摂食障害となり、入院するまでになっていました。先の言葉は私が混乱した気持ちのまま見舞った時、娘にぶつけられたものです。私はそれまで「自分で必死に努力さえすれば、どんな困難も必ず乗り越えられる」と信じていましたが、この娘の一言で「いくら努力してもどうにもならないことがあるんだ」とうちのめされたのです。

それから朝と夜、私は娘を見舞いましたが、最初のうちは口もきいてくれませんでした。そのうちにポツポツと彼女は家族の思い出話を断片的にするようになり、そこで私はいかに娘の内面を理解しようとしなかったのかと、痛切に感じ、これではダメだと思いを強くするようになったのです。

時に私が四十三歳のことでした。

私が論語をはじめとする中国の古典にのめり込むようになったのも、その娘の一言があったからだといっても過言ではありません。今にして思えば、人間のことを何一つ理解しようとはせず金儲けさえうまくいけばいいという、思い上がった傲慢さに満ちた小人の典型だったといえましょう。

小人とは誠に愚かな生きもので、そうしたショックでもないと、気づかずに間違った方向へと舵を切って突き進んでゆくものなのです。

私の場合には幸いにも人生の半ばでそれに気づかされ、学ぶ歓び、家族と語り合える幸せ、同じ志で学ぶ仲間たちとの交わりといった恩恵を、今受けています。つまり、自分自身の愚かさを知り、他者の心に思いをいたすようになったのです。その結果、摂食障害だった娘も元気になって、今は社会人となっています。

もし学ぶ大切さに気づかないままで生きていたとすれば、家庭は崩壊し、私も身の破滅を招いていたかもしれません。そして、学べば学ぶほど、（自分が変わらなければ、何も変わらない）という想いを強くしています。いわば人間を学ぶことを教えてくれた論語や中国古典は、心の恩人といっても過言ではないのです。

今にして思えば四十三歳という齢に、私は天命を知ったというべきでしょうか。

だから、どんなに筆舌し難い困難に見舞われようとも、それは幸運だと私は感じます。不幸に見舞われたその時は、なぜこんなことになってしまったのか、どうしたらよいのかと混乱し、自分の不幸を嘆き悲しむよりほかありませんが、それは一つのチャンスともいえます。起きてしまったことはもとには戻せないし、そんなことにいくら心を費やしても疲弊するばかりです。その負のエネルギーを正へと転換し、前を向いて歩き出し、世の中や人のために尽くすことそのものが、本当の癒やしや贖罪になると、私は考えています。

だから、論語の言葉を学び、実践することこそが、自らを救い、世の中に尽くすことだと私は信じて疑いません。人間が学びの大切さに気づいて学び直すのに、年齢は関係ないのです。思い立った時がスタートであり、それを生涯にわたって続けるというだけの話です。

論語は、孔子さんをメインに、その弟子たちの五一二文もの〝生きた言葉〟が綴られ、一冊の書にまとめられたものです。つまり、紀元前の言葉を集めた本だということになります。それが脈々と今に伝わって、超絶ベストセラーになっているというわけです。

この事実が何を物語っているかと申しますと、それだけ人間というものは時代がどれだけ変わっても、同じ苦楽、悩みを抱えて何とかしたい、こうありたいと試行錯誤を続けてきたということではないでしょうか。言い替えれば、人間の本質というものは、何千年、何万年経っても絶対に変わらないということなのでしょう。逆に申せば、正しいことが書かれ、支持されてきたからこそ、焚書にもならず、誰かがこの書を守り続け、今日に生き続けているのです。

論語は宗教書ではありません。ここには釈迦もキリストもいません。人としてどう生きるかという、シンプルな道徳があるだけなのです。孔子さんは神様ではなく、私たちと同じ人間です。人間の口から語られた言葉ですので、いわば自分自身の姿をそこに投影し、どうするかといったことが問われているだけの話なのです。つまり、孔子さんがどうするのか、ではなく、あなたはどうするのかと――。

ここに自分自身の手でつかみ取るという、〝学び〟の真髄があるといえましょう。

この本では特に、人間関係を円滑にするために必要とされる章句（論語の言葉）を中心に六十五章句を選び、私が多大な影響を受けた思想家の安岡正篤さん、京セラ創業者の稲盛和夫さんなどの教えを交えながら、論語に触れたこともない方にも楽しんでいただけるよう、できるだけ噛み砕いた解説を加えてみました。

今の時代はSNS、電子メール、携帯電話などにより、人と人とのコミュニケーションが直接取りづらくなっています。ともすれば人間関係の希薄さがトラブルを招くことが多くなってきています。ですので、この本で紹介した章句をもとに、その意義を見つめて、今すぐにでも日常生活に生かして欲しいと願っています。

あなたが今、二十代三十代なら論語的に申せばまだまだガキ（失礼）ですから、論語を読んで対処すれば未来は明るいものとなるはずです。四十代ともなればラストチャンスですが、まだ間に合います。いや、五十代六十代以上であっても、学ぼうという切実な気持ちさえあれば、良き人間に生まれ変わることもできるに違いありません。

そして、論語に学んだ上で、自分が何のためにこの世の中に生まれ落ちてきたのかという、その天命、天から授かったあなたにしかできない命を発見する一助にしていただければ幸いです。いいえ、論語を読んで一人でも多くの方に天命を知ってもらい、思いやりの気持ちを生涯貫いて欲しいというのが、私の理想であり、心からの切実なる願いなのです。

なお、本書の読み下し文については、数ある『論語』に関する書籍の中から、私の考えにもっとも近い『新装版　仮名論語』（論語普及会）を参考といたしましたことを記しておきます。

人間を見極める　目次

第一章　学ぶ

第二章 人を知る

第三章 心を知る

第四章　リーダーになる

第五章　生きる

編集協力――松下隆一

第一章

学ぶ

論語は人間そのものの姿です。

そこには難しい思想や哲学、宗教といった教えとは全く無縁の、自らの力で人生を切り拓いてゆくための〝学び〟があります。人間が生きてゆく中で、何をどうすればよいのか、何をしてはいけないのかという、その現実的且つ具体的な方法論であるところの〝生きた学び〟が、私たち読み手の心に訴えかけてくるのです。

論語がしばしば説教じみた書ととらえられるのは、中学校の教科書などで、二、三の章句を中途半端に学ぶからでしょう。そもそも論語は実学なので、経験の乏しい子どもに押しつけても受験用のテキストとして以外、ほとんど意味をなさないものです。十三、四の中学生が

〝四十にして惑わず〟などと聞かされたところで、「何なの、それ」となるわけです。大人になって、世の中にもまれ、厳しい洗礼を受けて初めて「こういうことなのか」と眼からウロコの状態で、身に沁みてわかるのが論語というものなのです。

この章では〝いかに学んでそれを活かすか〟をテーマとした章句をご紹介していきます。

ひとりぼっちでは学べない

子曰わく、学びて時に之を習う、亦説ばしからずや。朋遠方より来る有り、亦楽しからずや。人知らずして慍みず、亦君子ならずや。（学而篇一）

論語はこの章句からスタートします。

〝学び〟について孔子さんが語っていますが、弟子たちに囲まれて、孔子さんが穏やかに語りかけているような、そんな情景が思い浮かぶ章句となっています。

先師が言われた――『君子の道を学んで、それを実際にやってみて、真心を自分のものにできるって、何て嬉しいことなんだろうね。同じ道を学びたくて、はるばる遠くから仲間がやってきてこうして語り合えるなんて、何て楽しいんだろうね。でも自分のことを周りの人が認めてくれないからといって、世の中を怨んじゃいけないよ。そんなことは気にせずにね、自分が本当に学ばなきゃいけないことをコツコツ努力して続けるのが、本当に立派な人物といえるんだよ』。

論語の幕開けに相応しい章句ですが、まず、学ぶきっかけがあって、さらに学んだことを実際にやってみて、身につけることが大事だと孔子さんは言っています。そのきっかけというのは閑があるからやるということではなく、本当に自分が学びたい、学ばなきゃならないと感じた時がチャンスなのです。

もっと言えば、調子のいい時ではなく、危機感を抱いた時、自分がどん底の状態にある時などは大チャンスです。自分自身や身のまわりにふりかかった災難や困難があった時、何とかそこから脱したいと切実に願うでしょう？　そんな時にこそ論語が助けてくれるはずです。ピンチはチャンスといいますが、まさに論語はそういった人たちにはうってつけといえます。でも学ぶというのは、ひとりぼっちではなかなかできないのが現実です。

論語と聞けば多くの人が「知ってるよ」と言います。特に経営者などには「本棚にあるよ」と言う人は結構います。でもそれをちゃんと学んだ人がどれだけいるかといいますと、ほとんどいないのが現実です。知っているのはタイトルだけみたいな。まあ経営者ともなれば忙しいということもありましょうが、独学で始めても、理解ができなくなったとたんに投げ出すといったように、なかなか続かないのです。

だから一番いいのは師匠について学ぶのがベストなのですが、師匠というものは求めてもなかなかすぐに見つかるものではありません。それならば、志を同じにした、仲間たちと一緒に学んでもいいのです。そこには金のあるなしとか、地位があるとかないとかそんなものは一切関係がありません。あるのは同じ志だけですから、互いに裏表なく、純粋にああでもないこうでもないと言い合って徳を高めてゆくことができるのです。

それから、これだけ学んだ自分を認めてくれないからといって、世の中を怨んではいけないと、孔子さんは言っています。それはどうにもならないことですし、悩んでも無駄なことだからです。なぜなら、世の中はすべて他人評価であって、自己評価などないのです。そう考えれば、酒を飲んで同僚に会社の愚痴などこぼしている閑があるなら、サッサと家に帰って学びなさいということなのでしょう。

切磋琢磨とは

子貢曰わく、貧しくして諂うこと無く、富みて驕ること無きは何如。子曰わく、可なり。未だ貧しくして道を楽しみ、富みて禮を好む者には若かざるなり。子貢曰わく、詩に云う、切するが如く、磋するが如く、琢するが如く磨するが如しと。其れ斯を之れ謂うか。子曰わく、賜や、始めて與に詩を言うべきのみ。諸に往を告げて来を知る者なり。（学而篇十五）

ここでは〝切磋琢磨〟する意義が書かれています。実は〝切磋琢磨〟とは、わかっているようでわかっていない四字熟語で、この章句では〝切磋琢磨〟そのものといえるような、孔子と弟子の子貢のやりとりを通して、心地よく理解できるようになっています。

以下、そのやりとりをシナリオ風に書いてみますと——

子　貢「先生、貧しいからといってへつらわないで、金持ちだからといって驕らない人は立派ですよね」

孔　子「うん。それはそうだが、貧しくてもその道を楽しんで、金持ちでも礼を尽くす者にはかなわないよ」

子　貢「なるほど。人の学びには上には上があるものですねえ。そういえば詩経にありますよね。『切するが如く、磋するが如く、琢するが如く、磨するが如し』って。途絶えることなくズーッとその道に没頭して励もうとする、そういったことでしょうか？」

孔　子「（ニコリとして）お前と初めて詩を通して人生を語ることができるようになったね。お前こそ一つのことを言ったら、すぐに次のことがわかる、上をゆく人物だよ」

子　貢「（メチャ嬉しい）」

切磋琢磨というのはこの中で子貢が言う、『詩経』の言葉が語源となっていますが、なかなか深い意味を持っています。

貧しくてもへつらわず、金持ちでも驕らないというより、貧しいその道でさえ楽しみ、金持ちでも驕らないで礼節を守るといった生き方の方が立派だというように、色んな学びをして考え方を高めていかないといけません。ですが、その学びを継続させることが難しいわけです。そこで切磋琢磨という言葉が出てきます。一般的な解釈だとライバル同士が切磋琢磨する、競争するといった意味合いで使われることが多いのですが、これは全く違います。

学びで本当に難しいのは、継続だと申し上げましたが、人間は一人では弱いですから、つらい学びの継続がなかなかできません。ですから、同じように学ぶ〝朋（友）〟が必要となってきます。この章句では師匠の孔子さんが弟子の子貢に対して、「お前と語り合えることが嬉しいよ」と言ってるわけです。つまり、師弟関係とはいえ、ともに学べる朋がいることの幸せです。これによって学びが継続できるという、それが切磋琢磨の本当の意味なのです。

しかも子貢というのは、弁舌や商才に長けてはいましたが、孔子さんはその才走ったところをかわない、ある意味不肖の弟子でもありましたから、こうして通じ合える歓びはお互いに望外なものがあったでしょうし、この章句はその歓びにも満ちています。

切磋琢磨というのは、競争するのではなく、ともに学んで学びを深めてゆくということが本質だと、おぼえておきたいものです。

歴史に学べ

子曰わく、故きを温ねて新しきを知る、以て師と為るべし。（為政篇十一）

これは誰でも一度は聞いたことがあるかと思われます〝温故知新〟の四字熟語のもととなった章句です。

先師が言われた――『古いことを色々調べて考えて、そこから新しいことを知る者は、リーダーになることができるよ』。

一般的には、古いことを学んで、新しいことに生かすといった意味で理解されていますが、孔子さんはそれだけにとどまらず、そうした学びをした者こそリーダーにふさわしいと言っています。

これは歴史に学べということですが、ふつうの人間はほとんど歴史に学ぼうとはしないのが現実です。古今東西の歴史を眺めれば、色んな事件の成り立ち、人物たちの成功や失敗、悲喜こもごもがわかるはずです。その事件や人物たちの考え方や行動、背景を調べれば、なぜそうなってしまったのかという道筋もわかります。ですので、それに学べば、やっていいことと悪いことの判断ができるはずなのです。いわば歴史上の出来事は私たちと同じ人間の身に起きた事実でありますから、遠い話などではなく、私たちの身近な話としてとらえるべきなのでありましょう。

ところが同じような失敗を未だに、世界中の政治家や経営者が繰り返しています。歴史に学ばないで自滅しています。自分だけが被害を被るならまだしも、トップともなれば国民や部下にまでもその害が及ぶのです。だからこそ孔子さんは、歴史から〝これから何をやるべきか〟を学んだ者は、リーダーたる資格があるというのです。言い替えれば、過去の歴史に学ぶ者は、現代や将来を見誤らない、優れた指導者になるということでもあります。

また、そうした考え方はふだんの〝応対辞令〟にも生かすことができます。応対辞令とは社会生活における様々なシーンでの人への対処のことです。立ち居振る舞いや言葉遣い、挨拶、冠婚葬祭など、どうすれば失礼にあたらないかを、伝統的な作法の中に見つけることができるのです。これも歴史に学ぶ利点といえましょう。

どれだけテクノロジーが発達しようが、人間同士がつき合う以上、こうした学びは廃れないし、むしろこれからの時代だからこそ求められるはずです。

それにしても、考えてみますと、孔子さんは二五〇〇年ほど前の人物ですが、その当時からこうしたことを看破しているのには驚かされます。それより前の歴史に学べと言っているのですから。といいますか、この論語で学ぶことそのものが〝温故知新〟なのかもしれませんが。

学んだら考えるのだ

子曰わく、学びて思わざれば則ち罔く、思うて学ばざれば則ち殆し。（為政篇十五）

先師が言われた――『机上で学ぶだけで深く考えないと本当の意味はわからないし、逆に思ったり考えたりするだけでちゃんと学ばないと、自分勝手な理解になって先々が危ないよ』。

まず、〃知識・見識・胆識〃という、この三つの言葉をワンセットとして考えてみます。

〃知識〃といいますのは小学生でも知っている、足し算とか引き算とか、ただそれを〃知ってる〃というレベルのものです。

そして、人間は成長するに従って、その知識をズーッと積み上げていきますが、その知識が本当に正しいのかどうかという判断をしないといけません。これを〃見識〃と呼ぶのです。

さらには、その見識を身につけたら、世の中のために役立てましょうと、行動を起こすことが〃胆識〃です。ですので、知識ばかり詰め込んで何もしなければ、いわゆる頭でっかちになるというわけです。

学びは、勉強した知識を生かして、人間生活に生かして行動しないと、役に立たないものになるしかありません。

つまり、知識・見識・胆識の三点が揃って初めて〝学ぶ〟という本質なのであって、このうちのどれが欠けても成立はしませんし、いきなり胆識から始めようとしてもダメなのです。行動したいという思いだけが先走って、ちゃんと系統的に学ばないと、自分が一番正しいと思い込んで独りよがりになり、失敗のもとになるだけです。自分の思うことが正しいか間違っているのか確かめて、失敗しないように理論武装するにはやはり、知識・見識・胆識が揃っていなければできないことです。

例えば、「俺はラーメン屋をやるぞ！」と、うまいラーメンのつくり方を知っているから何とかなるだろうと、イケイケの勢いだけで場当たり的に起業するのはよくある話です。でも資金調達や、経営のノウハウはさっぱりわからないから、一年も持たずに結局つぶれるみたいなことは珍しくありません。これは順番が逆なのです。ちゃんと学んでから始めないから失敗するのです。自分で学んでみて、わからなければわかる人に訊いて、教えを請えばいいのです。

論語のこの章句一つわかっていたら、何事もしっかり準備をして始められるし、失敗の芽も早い段階で見極め、その原因を摘めるということなのです。

役立たずのプライド

子曰わく、由、女に之を知るを誨えんか。之を知るを之を知ると為し、知らざるを知らずと為す。是れ知るなり。（為政篇十七）

知ることの本質がこの章句には書かれています。

先師が言われた――『由よ、お前には〝知る〟ということを教えなければならないね。知っていることは知っている、知らないことは知らないとなぜ素直に言わない。その素直さ、謙虚さが本当に〝知る〟

ということなんだよ』。

由というのは、弟子の子路のことですが、彼は侠客の出身（日本のヤクザ的なものではなく、中国において義侠心で人を助けた集団のこと）で、剛毅で実直、一説では孔子さんのボディーガードも務めていたという猛者です。野暮ったく、豪放磊落で勇ましいことは言いますが、いざという時に頼りにならなかったといいます。まあ侠客としての意地、プライドがじゃまをして「お前こんなことも知らんのか」と言われるのが嫌な性格だったんでしょうね。

でも今でもそういう人は山ほどいます。特に国家資格を持った医者とか弁護士とか、官僚といったインテリと呼ばれる人たちは、知らないということを恥だと思っているフシがあります。でも、知るということは、知ろうとする対象のレベルなどどうでもいいことなのです。

私たちは神様ではありません。こんなことも知らないのかと言われても、どう調べても、知らない、わからないことはその対象が何であれ、知らないものは知らないし、どうにもならないのですから、誰かに教わるしかないのです。どんなにスゴイ読書家だって世の中の全部の本を読み尽くすのは不可能でしょう？　職人の勘に頼ることでしかできない工芸品があるなら、弟子入りして直接教わるしかないでしょう？　となれば、誰かに教わるしかないのです。

問題は、プライドなんか捨てて、素直で謙虚な気持ちで「教えてください」と頭を下げて言えるかどうかです。それこそが〝知る〟ということだと孔子さんは言っているのです。〝聞くは一時の恥、聞かぬは一生の恥〟と言いますが、聞くのは一時の恥ですらありません。自分は無知だというその現実を認めることは謙虚さにつながりますから、ある意味立派な態度であるといえましょう。

つまり、ソクラテスの〝無知の知〟です。「俺は何でも知ってる」などと自慢している者より、知らないからどんどん聞いて、効率よく学ぶ者の方が、進歩が早くて優れているということです。言い替えれば、知らないって、学ぶチャンスがあるということなのです。

学問と勉強は同じじゃない

子、子夏に謂いて曰わく、女、君子の儒と為れ、小人の儒と為る無かれ。

（雍也篇十三）

孔子さんが弟子の子夏に向かって言われた――『お前は君子の学者になるんだよ。間違っても小人の学者にはなるんじゃないよ』。

ここで言う〝君子の学者〟というのは、真実の道を求めて学ぶ人という意味で、〝小人の学者〟というのは知識ばかりを求めて立身出世を目指す人という意味です。

ではどうして立身出世よりも、真実の道を求める方が尊いのでしょうか？　それについて安岡正篤さんが次のような考え方を提唱されています。

まず、孔子さんのずっと後の君子で、荀子という人の言葉から――『窮して困（くる）しまず、憂えて意（こころ）衰えず、禍福終始を知って惑わざるがためなり』。

これは「苦しい時、心が折れそうな時もうろたえるんじゃないよ。幸不幸というものは始まりがあれば必ず終わりがくるんだ。だからそんなものに一喜一憂して見苦しくオタオタするもんじゃないよ」といった意味です。まあ、細事など意に介さないような、肝っ玉の据わった人間になれということでしょうか。

それから書経に『自靖自献』という言葉があります。これは「自分自身の内面を修養してさ、その真心で世のため人のために尽くすんだよ」ということです。

つまり安岡さんは、立身出世、金儲けのために学ぶのではなくて、自分自身の心を鍛えて修め、社会の役に立つ人間になるために学ぶ。それこそが学問の本質で、尊いことだと言われているのです。

君子は学問をやろうとしますが、小人は勉強をします。勉強は学校のように〝勉めて強いる〟ですが、学問は〝自ら学んで問う〟ものです。勉強は習ってそこで終わりなのに比べて、学問は志や理想に向かって生涯をかけて学び続けなければいけません。

つまり、そうした学びの姿勢でなければ、いくら東大を出てエリート官僚になろうが、立身出世のような利己的になりますと、賄賂をもらったり、パワハラやセクハラをやるといった失敗、小人ゆえの、心のスキが生まれるということなのです。

やはり、どうせなるなら、〝小人の学者〟ではなく、〝君子の学者〟を目指していきたいものです。

好きになって楽しもう

子曰わく、之を知る者は、之を好む者に如かず。之を好む者は、之を楽しむ者に如かず。（雍也篇二十）

先師は言われた――『ただそれを知っているというだけの者は、それが好きだという者にはかなわない。でも好きだという者も、それが楽しいっていう者にはかなわないんだよ』。

〝好きこそものの上手なれ〟とよく言うのですが、ここで孔子さんは〝好き〟以上に〝楽しむ〟ことに勝るものはないと言っています。

まずスタート地点では、誰でも知ることから始めます。勉強でも仕事でも芸術でもスポーツでも、それを知って、やりたいなと思ってそれらについて調べたり、試しにやってみたりして理解を深めます。これが知るというレベルです。

そうするとだんだん面白くなって好きになっていきます。ただ知っているという者に比べたら、より色んなことが見えてきて、理解が深まりうまくなっていきます。

さらにはそれを心から楽しんでできれば、好きよりももっと理解が深くなって相当うまくなるということなのです。

ところが問題は、一旦は始めるが、うまくできなかった場合、すぐにあきらめるというところにあります。あきらめるともうそこで終わりですので、理解も進歩もありません。そんな時の考え方として、こうすればできるんじゃないかと、多面的に創意工夫をしてみるべきでしょう。色々なアプローチをしてみて、一度乗り越えたら面白くもなるし好きにもなるはずです。

ただ、好きなことになれば続けていけますが、例えば仕事には締め切りとか、期限というものがどうしてもついてまわります。ダラダラとやっていたのではやがては時間に追われ、好きなことも苦痛になってきます。だから、できるだけ気持ちに余裕をもって早くできるように努力を重ねるべきなのです。余裕が持てれば楽しくもなりますし、一層熱が入って上達もするでしょう。

ですので、孔子さんの言っている〝好き〟〝楽しい〟という中には、歓びもありますし苦しみも含まれているといえましょう。やっていくうちに必ず出てくる問題、困難を乗り越えてこそ〝好き〟になり、余裕をもって〝楽しめる〟ようになるということなのです。

それから、新入社員や後輩を教える立場になって、「彼らにどう教えていいものやら」と悩むこともあるでしょう。そういった場合は難しいことを考えないで、自分がその仕事を楽しんでやっている姿を見せれば、「そんなに楽しいことなら、私もうまくできるようになりたいな」と、自ずと彼らもついてくるようになるはずです。

まずは今自分がやっていることを、好きになる努力をする、これが楽しむ第一歩といえましょう。

オーダーメイドの教育

子曰わく、中人以上には、以て上を語るべきなり。中人以下には、以て上を語るべからざるなり。（雍也篇二十一）

人それぞれ顔が違うように、学びのレベルというものも違います。だから教え方一つにしても、教える側が「相手の能力を見極めた上で教えなさいよ」と、孔子さんは言っているのです。

先師は言われた――『中クラス以上の力のある人にはね、すごくレベルの高いことを教えてもいいけど、中クラス以下の人にはそんな難しいことを教えても理解できないから無駄なことなんだよ』。

孔子さんの面白いところは、教える相手、そのレベルによって教え方も変えていかないといけないと考えている点です。極端なことを言いますと、「大学教授が幼稚園児を教えられないよね」と。そもそもそれは無駄というものだという、リアリストの孔子さんらしい発想です。

例えば会社には、新入社員・中堅社員・ベテラン社員がいるでしょうから、物事を教えるのにレベルを変えるのが当然でしょう。それをただカッコつけて、十把一絡げに全部集めて、形だけ教育研修をやろうとするから無駄なことになるのです。理解するレベルに達していない者に無理に教えようとしますと、相手はもう気持ちがついていけなくて、シャットアウトしてやる気も失せてしまいます。

だから孔子さんは、相手の能力を見極めた上で教えていたのです。その人それぞれにあわせた、〝オーダーメイドの教育〟をしていました。ミリ単位できちっと採寸して、その人にピタッとジャストフィットする、オーダーメイドの教育という名の服をつくっていたのです。そうなればみんなしっかり理解ができますし、学問が楽しく、心地よくもなります。

教育に必要なのはこうした臨機応変な柔軟さではないでしょうか。つまり教育で大切なことは、一人ひとりに向き合ってやるものだと、孔子さんはわかっていたのです。教える側と教えられる側が一方通行にならず、この二面性のバランスの取り方が、論語の真骨頂でもありましょう。

まあそれにしましても、弟子は三千人ともいわれている孔子さんのことです。あらゆる引き出しを持っていて、とてつもない臨機応変、柔軟性で教えていたかと思うと、気が遠くなるような忍耐が必要だったことは想像に難くありませんね。

仕事は学ぶもの

子曰わく、憤せずんば啓せず。悱せずんば発せず。一隅を挙げて三隅を以て反らざれば、則ち復せざるなり。（述而篇八）

「お前、何でこんな簡単なことがわからないんだよッ」などと、職場で後輩や新入社員に言ったり、そんな場面を見かけたりした人は、意外に多いでしょう。

相手にやる気が感じられないとか、面白くなさそうにやってるとか。ここでは孔子さんの教え方のコツが書かれていますので、教わる側と教える側の両面から考えてみることにしましょう。

先師は言われた——『自分でわからないからギリギリ歯咬みするほどの奴じゃないと、解決のヒントだって教えてやらない。うまく説明したいんだけど言えなくて、口を歪めるほどの奴じゃないと手引きはしてやらない。一つ教えられたら、そこから三つを研究するほどじゃなければ繰り返して教えてはやらない』。

これは意地悪でもなくて、孔子さんは超リアリストですから、ここまでになる人間じゃないと、無理に教えても「無駄だよ」って言っているわけです。

この章句の『憤せずんば啓せず。悱せずんば発せず』の部分は〝啓発〟と〝発奮〟の語源となっています。この二つの言葉からもわかりますが、発奮が学ぶ姿勢で、啓発が主体性を持って行動しているかどうかです。自分の力で考え抜いて、もがき苦しんで頑張るという姿勢が本来の学ぶ姿勢だというわけです。つまり、命じられたり、指示を受けて動くのではなくて、自分の意志をもって積極的に何事にも取り組めば成長につながるということです。

でも中には、「好きでもない仕事を押しつけられたらさ、発奮も啓発もないよな」という人もいるでしょう。特に新入社員の頃など、最初はコピーとか資料の整理とか雑用をまかされて、仕事としては甚だ面白くない。でも、そうした気持ちでは絶対に進歩がないのです。

ここで前述した〝好きになって楽しもう〟を思い出して欲しいのですが、ブツブツ文句を言ってないでとにかくやってみましょう。そこで色んなことを考えたら、必ず面白みがわいてくるはずです。そうすれば発奮してきて、（次はこうしたらどうだろう）（次はこうしてみよう）といった創意工夫（啓発）の心が生まれるのです。となればどんな仕事だって好きになれます。それがステップアップする歓びというものですし、頼む方にしても、じゃ次はもっとレベルの高い仕事を与えてやろうと、まかせたくなるものです。

それから、教えるにあたっては、自分のノウハウや知識を惜しみなく、すべて後進に差し出すことが大事です。稲盛和夫さんも言われています、「自分の能力を私物化するな」と。その昔、ある職人の方が「私は教えを請う人には、自分が試行錯誤して得たノウハウの全部を教える」と言われていました。その理由を訊きますと、「それを試してもすぐには絶対にできない。でもそこに行き着こうという努力をするだろう」というのです。こうした考え方こそが、人に良き影響を与え、社会に貢献してゆく原動力にもなるのです。逆に、それを教えることで自分の地位が脅かされる程度の発想であれば、世の中にとっても大したことがないということなのでしょう。

また、教える側は、やる気がないからといって頭ごなしに怒ったり、切り捨てたりするのではなく、相手が気づいて教えを請うてくるまで待ってあげることです。仕事は勉強ではなく学ぶものです。学校のように〝勉めて強いる〟のではなく、〝自ら学んで問う〟ものです。だから相手が学ぼうという気持ちになるまで、根気よく待ちましょう。押しつけてやらせるのでは何事も無理が出て、関係性までもギクシャクするということですから。

何を誰が教えるのか、それが問題だ

子曰わく、性、相近きなり。習、相遠きなり。（陽貨篇二）

「なぜ学ぶの？」と子どもから訊かれて「学歴をつけて将来はいい大学、いい会社に入って、いい給料をもらうためさ」などと答えている親がいたら、ボコボコにしないといけませんね。もちろん口でですが。

なぜ学ぶかといいますと、人間として成長するためです。そしてその時に大事なことは、〝何を、誰から〟学ぶかということなのです。

先師は言われた――『生まれつきはみんなだいたい同じようなものだけど、後のしつけ（学び）によってそれは大きく差がつくもんだよ』。

人間というのは生まれつき持っているものは、それほど変わらないものです。ですがその後、どんなことを学んだかで大きな差が出るんだと孔子さんは言っています。これは本当にその通りでして、だからこそ教育は大事だということになるのです。

ポイントの一つには学びの環境というものがあります。現代でも、学ぶ環境が悪くて、学校に行きたくても行けないといった問題が数多くあります。だから孔子さんは、どういう人たちがどうかかわって、どう教育するのかで人間は必ず変わっていくというのです。教え方も大事だけど、〝何を、誰が〟教えるのかがもっと大事だと。

それまでどう生きてきたのか、これからどのように生きていくのかで人間の価値は決まります。だから、人間として成長するために、自分の手で切り拓いていく手段、学問が必要なのです。いわば、その人がどう生きてきたかで、大人になった時に差ができてしまうということです。

ただ、誰が何を教えるか、誰から学ぶかという具体的なことになると、これが案外難しい問題でもあります。日本において小中高の時代は義務教育などもあって、なかなか先生は選べませんし、教え方も選べない。

だから、大学や社会などで、生涯の師を求めていくしかありません。でも、師匠というものは、求めたとしてもそう易々と巡り会えるわけではありません。ただ、師匠が見つからなくともガッカリしないでください。師匠は何も生きている人だけに求めることもありません。故人を師匠として、残された書物などから教えを学ぶことはいくらでもできるからです。例えば、今でも松下幸之助さんを尊敬し、師と仰ぐ経営者はたくさんいるのです。

それから、論語から教わるみたいに、古典古書を座右の書として学んでもいいのです。下手な先生について学ぶくらいなら、その方がよほどためになります。そうしたことも人間性を高める、後天的環境として学ぶという、大切なことです。

昨今はハウトゥー本なるものがあって、マーケティングの仕方とか、こう宣伝すれば儲かるとか、そういった本を読む風潮にありますが、それは本質ではありません。そんな本で成功するならみんなが儲かっているはずで、そこに人間の成長は望めません。方法論ではなく物事の本質を学ぶべきで、それが本当の成長につながるのです。

〝何を誰から〟学ぶのかはとても大事です。ですので、良き師を見つけることが成長につながるという気づきがあって、行動を起こせば、どういう形であれ、環境であれ、師匠は見つかるはずなのです。

第二章
人を知る

理想的な論語の学びがあるとすれば、それは自分自身が日々抱えている苦悩や飢餓感、危機感をきっかけとすることです。会社での人間関係がうまくいかなかったり、信頼していた人に裏切られたり、努力しても報われないとか、挫折して生きる意味そのものがわからなくなるとか……誰でも一つや二つはそうした悩みを抱えているものですが、論語は現実的に解決に導く考え方や糸口を示してくれます。

いずれにせよ、人間は〝人とかかわる〟ことで生きています。人とかかわり、良いも悪いも評価を受けることで、歓び、悲しみ、怒り、場合によっては憎しみをも感じます。言い替えれば、人間関係さえ円滑になったのなら、日々の不安や苦悩から解放されると言い切っても過言ではないでしょう。

この章ではそうしたことを踏まえて、〝人間関係をいかに円滑にするか〟をテーマとした章句を紹介していきます。

人物鑑定法

子曰わく、其の以す所を視、其の由る所を観、其の安んずる所を察れば、人焉んぞ隠さんや。人焉んぞ隠さんや。（為政篇十）

人間を見極める、これが論語の真髄で、一番大事なことでもあります。かかわる人を見極めることができれば、間違いなくあなたの人生は豊かになるはずだからです。

先師は言われた――『その人が何をしているのか（視る）、その人が何によって行動しているのか（観る）、その人がどこに安らぎを持っているのか（察る）、それを観察すればその人となりがわかる。としても隠せるものではない』。

この〝視る・観る・察る〟の三点の使い方が〝人の見極め〟にとても大切となります。

まず〝視る〟というのは眼に見える顔つきや発言、行動を視るという、表面的なものですが、それを知ればその人の行動パターンがわかってきます。

次の〝観る〟は観察の観で、視るよりも一歩踏み込んで内面を観るという意識になります。どうしてそんな発言や行動になったのか、動機や経緯を考えてみます。眼に見えないものを観るということです。

最後の〝察る〟は、行動を起こした時にその人がどう思ったのか、その行動に満足したのか、目的を果たしたのかを考えてみます。

この三点を基準に人物を見ていけば、どんな人間かが一目瞭然、すぐにわかるのです。

ですので、表面を〝視る〟と内面を〝観る〟とは、明確に分けないといけません。例えばテレビは〝視る〟だし、映画や演劇は〝観る〟です。テレビを視るのは何かをしながらでもパッと視て理解する。映画や演劇はお金を払って自分の意志で観ますから、集中して奥深くまで観ようとします。視聴者と観客という、言葉だけではない、明確に分ける理由がここにあるのです。

初対面の時、（何でこいつは俺の前にあらわれたのか）と思って、その動機を訊いてみましょう。その時に顔つきが悪いとか、口がうまいとか、結果に結びついていないとか。そういうことを観察して、内面を探るのです。人物がうさん臭いと感じればつき合わなければいいですし、そうすれば悪い人間や、詐欺には絶対にひっかかりません。

たいがい人間は、女房にだまされた、旦那にだまされた、友だちにだまされた、自分の人生はこんなはずじゃなかったと必ず言います。

でもこの人物鑑定法があればそう易々とはそんな状況には陥らないということですので、それを思えばなかなか重要なことだとおわかりになるでしょう。

悪縁は寄って来る

子曰わく、巧言令色、鮮なし仁。（学而篇三）

これも前章句に引き続き、人を見極めるポイントがわかりやすく書かれています。

先師が言われた――『口がうまくて達者な者、うわべを取り繕ってよく見せようという者は、仁の心掛けに乏しいものだよ』。

前章句で最初に相手を〝視る〟ということは、眼に見える顔つきや発言、行動を観察することだと紹介しましたが、具体的には――やたらよく喋って調子よくて、口がうまいとか、好かれようと愛想を振りまいてご機嫌を取るとか、見せかけの格好をするとか、そうした人間には誠実な者が少なく、仁という、人として大事な徳に欠けているということなのです。

例えば上司のご機嫌ばかり取る部下や、できもしない公約を掲げる政治家をイメージするとわかりやすいでしょうが、そうした態度は全く信用されないものだといえます。だから、当たり前の話ではあるのですが、裏表なく正直に真心をもって人づきあいをしなければならないということにもなりましょう。

ここで気をつけるべきは、悪縁というものは向こうから寄って来るということです。良縁というものはこちらから取りに行かないといけませんが、悪縁は向こうから寄ってきます。詐欺師も、あり得ない儲け話もそうですが、言葉巧みに言い寄って来るのは全部が悪縁だと考えた方がいいのです。

だから、信用のある人の紹介だとか親しい友人の紹介である以外は、怪しいと感じれば最初から会わなければいいのです。逆にこちらから良縁を求めて行く時は、向こうにとって最初、こちらは悪縁ですから、それを良縁に変化させることができるかどうかがポイントになるといえます。

安岡正篤さんの人間学のキーワードは『縁尋機妙、多逢聖因』です。縁は尋ねて行かないといけないが、良縁がさらなる良縁を呼び込み、発展していく様にはとても妙がある――これが縁尋機妙です。そして良い人たちと出会って交わっていると、良い結果に恵まれる――これが多逢聖因です。つまり、人間はできるだけいい機会、いい場所、いい書物に会うことをまず第一に考えなければならないと、安岡さんは言っているわけです。

経営者などは、儲かって調子のいい時ほど、心にスキが生まれるものです。そんな時に限ってお酒を飲みに行くと、寄って来る女性がいるものです。気分が良くなって散財するのですが、それも悪縁だと思わないといけません。金の切れ目が縁の切れ目ですから、金を使わなければ縁が切れますし、そもそもそういう女性なら口がうまくて機嫌も取るでしょうから初対面で見抜かないといけません。英雄色を好む、色という悪縁は向こうから寄って来る、それを肝に銘じておきたいものです。まあ、そういった場に出入りしないのが一番賢明ではあるのでしょうが。

言ったことはやろう

子曰わく、君子は言に訥にして、行に敏ならんと欲す。（里仁篇二十四）

先師が言われた――『君子は、口は重く、言葉が訥々としていても、一旦口にしたことはすぐに行動したいもんだ』。

論語においては言葉と行動というのはワンセットで、孔子さんの一貫したテーマです。つまり有言実行です。前章句の『巧言令色、鮮なし仁』とも似ていますが、うまいことをペラペラ喋る者に限ってすぐに行動しないのです。詐欺師がそうでしょう？　口でうまいこと言って、だまして、金を取る。それよりも必要なことだけをポツポツと言って、必ず実行に移すという、これが君子の姿です。できないのなら、安請け合いしちゃダメだということでもあります。

まず信頼のおける人間になりたければ、言葉はよく考えながら、慎重に発して、いざ発したら即座に行動に移さなくてはいけないということでしょう。言い替えれば言葉に対する責任は絶対にとらないといけません。特に人の上に立つ人間は気をつけるべきです。早い話が君は口先だけの人間になりたいのか、信頼のおける人間でありたいのか、どっちを選ぶのかという話なのです。

逆に人を見抜く時の基準としても生かせます。調子のいいことばかり言って何もしない人か、言葉は少ないけどすぐに動く人か、どちらが誠実であるかは一目瞭然です。人間を知ろうと思ったら、言葉と行動を見るよりほかに手立てがないのです。

まずは『病は口より入り、禍は口より出ず』ということを、肝に銘じておきたいものであります。アメリカの劇作家、アーサー・ミラーの戯曲の中にも次のようなセリフがあります――「お金だったら何億盗られようが戻ることもあるが、一度口にした言葉は取り返しがつかない」。また、最近は著名人がＳＮＳで書き込んだ内容で騒ぎになり、いわゆる〝炎上〟するといった時代でもあります。これも人の言葉と同じく、一度送信すると二度ともとには戻せないのです。

こういう時代だからこそ、〝言に訥にして〟で、君子の心掛けでありたいものです。

親の年齢を知っていますか？

子曰わく、父母の年は、知らざる可からざるなり。一は則ち以て喜び、一は則ち以て懼る。（里仁篇二十一）

親孝行は人の道の第一歩です。この世に自分が生を受けたのは親のおかげであり、親を敬うことは天を敬うことと同じようにするべきなのです。

先師が言われた――『親の年齢を知らないということがあってはいけない。元気で長生きしてくれればそれを喜び、高齢で老い先短いことを心配する思いやりがないといけない』。

親の年齢や誕生日を知らないということは、親子関係が希薄だということであり、孝行心が足りないということでもあります。これは人と直接かかわる職業においては非常にマイナスになるのです。しかもこれからは高齢化社会になります。お年寄りを敬い、気遣う世の中にならないといけません。

実際、社是を〝徳〟として掲げているある会社では、父母の誕生日を知っているかどうかで、その人となりがわかるので、就職の面接試験でもそれを生かしています。「お父さん、お母さんの年はいくつですか？」と訊いて「知りません」「確か○歳くらいでしたかと……」といった返答になれば、いくらペーパーテストが優秀でも、人を思いやる気持ち、人間関係において難しい面があるとわかるからです。

またその会社では、それと関連して、「トクっていう字を漢字で書いてください」と書いてもらうそうです。そこでもし〝徳〟と書けば合格にすればいいですし、〝得〟や〝特〟と書くようなら採用を見合わせるか、よく考えた方がいいでしょう。

〝徳〟というのはまさしく論語の本丸ですから、それを書くのは良い気質の人が多いのです。ところが〝得〟と書く人はお金がまず頭にありますから、入社してもお金でトラブルになったり、権利を必要以上に主張します。また〝特〟の人は自分がオンリーワン、特別な存在だと思う傾向にありますから、これも過ぎるとわがままとなり、協調性がないということになります。

実は、これらは仮定の話ではなくて、実際にそうした面接試験をやった会社の確かなデータ、結果でもあります。物を扱うような仕事ならともかく、人とのコミュニケーションが重視される医療人、サービス業などの仕事ならなおさら、親孝行や徳といった人の道をちゃんと歩んでゆける人物かどうか、見極めたいものだということです。

徳は忍耐だ

子曰わく、徳は孤ならず、必ず鄰有り。（里仁篇二十五）

徳を積んでいる者とそうでない者を比べたら、圧倒的に徳を積んでいる者の方が少ないでしょう。だからこそ紀元前に書かれた論語が脈々と受け継がれ、今に語り継がれているともいえます。

数が少ないということはともすれば孤独に陥りやすいのですが、孔子さんは『ひとりぼっちなんてことはないんだ。そのうち必ず、わかってくれる人があらわれるはずだ』とこの章句で断言しています。

徳を積んでいる人格者には差別という文字がありません。地位や名誉、お金のあるなしで人づきあいをしないのです。彼が観ているのは〝人〟だけであり、物やお金ではないからです。

地位やお金で人づきあいをしようと思えば簡単なことです。地位を利用し、お金で釣って人を惹きつけることはそう難しくはありません。ですがそうしたつき合いは、地位やお金がなくなった時点で霧散するさだめにあるのです。

例えばスターと呼ばれる芸能人が落ち目になったとたんに、政治家が権力を失ったとたんに、今まで取り巻いていた人たちがアッという間にいなくなるのと似ています。だがそれで「裏切られた」と嘆くのはお門違いというものです。そうした関係性はもともと利害がからみ、何の信頼関係もなかったというしかなく、そもそもそうした悪縁を見抜けなかったことも悪いのです。まさに『巧言令色、鮮なし仁』を知らないからそうなってしまうといえましょう。

一方、徳をベースとしたつき合いというものはそれとは全く違います。利害がなく、お互いの志が同じだということは、人格者たることを望んでいるのだから、そこには「互いに切磋琢磨して正しい道をともに歩もうじゃないか」ということだけがあるので、雑物が介在する余地などはないのです。

ただ、冒頭にも書きましたように、徳を積もうと研鑽している人は極めて少ないですから、出会うまでに時がかかるかもしれません。ですがこの世の中にはそうした人たちは必ずいるものです。孔子さんだって弟子が三千人もいたというではありませんか。彼は実際に経験してその思いを強くしたからこそ、こうした言葉を語っているのです。

とにかく忍耐強く待つということが大事です。仲間があらわれるまであきらめずに、徳を積み上げる努力を続けることです。正しい道を求め、歩んでいるのですから。こうした人間関係が希薄になってきた世の中だからこそ、必要とされるはずなのです。あなたの物腰、発言、行動を観て、私もそうありたいと感じる人は必ずいると信じましょう。そして一度出会ってしまえば、その後は長いつき合いとなるに違いありません。志を同じくする仲間というものは生涯にわたってつき合えるものなのです。

人を見抜け

子曰わく、質、文に勝てば則ち野。文、質に勝てば則ち史。文質彬彬として、然る後に君子なり。（雍也篇十八）

これは外面と内面の両睨みという考え方です。

要するに人を見極めるポイントとして、外面（文）にだまされてもいけないし、内面（質）がどうなのかということを探らなくてはいけません。では、どう内面を見極めるかというと、相手の立ち居振る舞いと教養を見抜くしかないのです。

人生において、向こうから寄って来るのは悪縁だと前に書きました。たとえ外面がよくても、その人間の内面はどうなのかと、それを見極めればダマされないですむのです。

〝文質彬彬〟というのは、一般的な意味としては「外見と内面の調和がとれていいね、そうした人になりなさい」っていうことですが、そんなに簡単に聖人君子になれたら苦労はしませんよね？　自分を治めるという意味合いもあるのですけど、生きてゆく上での実学として、「寄って来る人間（悪縁）を見抜く力が必要だよ」と、それが実際的にとても役に立つということなのです。

これも安岡正篤さんが仰っていることですが、〝人間の五衰〟という言葉があります。これはもともと〝木の五衰〟をもとにしているのですが――

一、樹木というのは枝葉が必要以上に生い茂ると風通しが悪くなり、〝懐の蒸れ〟が起きる。

二、そのために木が弱り、〝裾上がり〟となり根が浅くなり、上がってしまう。

三、根が浅くなると十分な栄養分がいかなくなって〝末枯れ〟が起きて、頭から枯れ始める。

四、そうなると〝末止まり〟となり、完全に成長が止まってしまう。
五、その頃から色々な害虫がつく〝虫食い〟が起きる。枝が枯れてだんだん幹だけになり、やがては根だけになる。

この流れが〝木の五衰〟であり、だからこそ植木屋さんの剪定がとても大切な仕事だとわかります。安岡さんは人間も同じだと言われたのです。

一、財産や名誉、地位が与えられていい気になり、人の忠告も聞かなくなり、反省をしなくなる——〝懐の蒸れ〟。

二、理性や謙虚さを失う――〝裾上がり〟。
三、人間が軽くなり、行動が軽率になる――〝末枯れ〟。
四、進歩が止まる――〝末止まり〟。
五、悪いことを考えるようになり、色んな悪縁に言い寄られ、取り憑かれ、やがては没落してゆく――〝虫食い〟。

となってしまうというのです。つまり、人間も〝反省する〟という剪定がとても大切だとわかるでしょう。悪縁というのいらない枝葉を省いてゆくのです。そうすれば常に風通しが良くなり、悪い虫に食われることもありません。

今でも大企業のトップや官僚のトップが不正をして逮捕されるということがありますが、それも〝人間の五衰〟が引き起こす成れの果てといえましょう。無名が有名になると〝名士〟になりますが、それが悪縁によって迷う〝迷士〟になり、やがては捕まって冥途の〝冥士〟になるのです。

人間を見る時には、その人の動機を見て、傲慢さが出ていないかどうか、それをチェックする意味においても〝人間の五衰〟に照らし合わせることは重要なポイントなのです。

ただ〝文質彬彬〟で気をつけるべきは、内面がよくても、外面が悪くてはダメなことです。しかるべき場所に出向くのにフォーマルな格好ができないのは、それはそれでおかしいのです。だから内と外でうまくバランスをとるのが君子だと、ここで孔子さんは言っているのですね。

九つの思い

孔子曰わく、君子に九思有り。視るには明を思い、聴くには聴を思い、色には温を思い、貌には恭を思い、言には忠を思い、事には敬を思い、疑わしきには問を思い、忿には難を思い、得るを見ては義を思う。（季氏篇十）

ここには、君子として大切にしたい〝九つの思い〟が書いてあります。

『視るには明を思い』……視る時には、相手のことをしっかり視る。

『聴くには聰を思い』……聴く時には相手の発言を注意深く聴く。
『色には温を思い』……顔に穏やかさがあるか。
『貌には恭を思い』……立ち居振る舞いに謙虚さがあるか。
『言には忠を思い』……誠実な発言をしているか。
『事には敬を思い』……行動も慎重に、ちゃんとしているか。

以上の六つについては、自分が気をつけると同時に、逆に言えば、人を見抜く時の、人間観察の具体的なポイントがまとめて全部書かれているともいえます。そして、九つのうち、特に最後の三つがポイントとなります。

まず『疑わしきには問を思い』ですが、これは「自分が個人的に疑問に思うことは必ず質問して理解しろ」ということです。自分がわからないことは素直に、謙虚に知ろうとしなくては理解も進歩もないのですから。

でも難しいのは、目上の人には頭を下げて訊くことができましても、年下の人にそれができるかということでしょう。変なプライドがじゃまをして、なかなかできない人が多いのではないでしょうか。これが一番できた経営者で有名な方が、松下幸之助さんです。「わしは小学校四年しか行ってないから難しいことはわからんので教えてくれんか」といったことを、親子ほど年下の人にも平気で言われていた。特に下手に東大や京大などといった看板を背負うと、それが気軽にできない人が多いようです。

それから、訊く側の人間性も大事です。日頃から威張っていて、謙虚さのない人間に対して、親切に教えてくれるかどうかということもありましょう。今の時代はやれネットだＩＴだと、若い人がテクノロジーをリードする時代になってきました。そうなるとベテラン社員でも教えを請う機会が増えるでしょう。そんな時、教えて欲しいと頼めたとしても、相手が頼んだ側によい印象を持っていなかったら、教え方もぞんざいになるかもしれません。結局は人間性が大事だということなのですね。

次に『忿には難を思い』ですが、これは「この野郎と思って怒った、後のことを考えろ」ということです。その時は感情にまかせて怒ったことが、後々感情的にこじれて面倒な事態になるのはよくあります。だから、カッとなった時はちょっと間を置いて、熱を冷まして考えろというのです。怒ったことでこの後どうなってしまうのか、想像力を働かせろと。

最後の『得るを見ては義を思う』は、「自分が何か利を得る時には義（正しい行い）が必要」ということです。利を得た時には、その裏にちゃんと義があるかどうか考えろと。昔から利は義の和といわれていて、つまり、利を得ようと思ったら、絶対に正しい行いが必要なのです。

だから、賄賂でもそうですが、義のない儲け話にのっかったら必ず失敗します。詐欺などの儲け話に何度もひっかかる人がいますが、自業自得というもので、おいしい話には必ず裏があると、自らを戒めるべきなのです。寄って来る者は悪縁であり、おいしい話に義はないと思えばだまされることもありません。まあ、論語をちゃんと学んで、せめて人物鑑定法を身につければ、詐欺にもひっかからないということなのです。

場が治まる人

子曰わく、晏平仲善く人と交わる。久しくして人之を敬す。（公冶長篇十七）

ここでは理想的なリーダー、晏平仲という人物を通して、良き人づきあいのスタイルを孔子さんが語っています。晏平仲というのは、孔子も尊敬していた春秋時代の名宰相です。

例えば、社内政治の中で生き残るためには知恵や才覚だけでは生き残れません。場を治めるのではなく、場が治まるリーダーとしての威厳が必要なのです。その威厳というのは、こうしろと上から押さえつけるものではなくて、その人があらわれたとたんに「おっ」とみんなが黙るみたいな存在感、カリスマ性があるようなことです。そういう一目おかれる威厳のある人物が晏平仲だったのです。

この章句では、その晏平仲が〝あらゆる人から、久しく交わるほどに尊敬されていた〟と評されていますが、この〝久しく〟というところがポイントです。〝久〟は〝永久〟の〝久〟。つまり、ズーッと長くつき合っていても、いえ、つき合えばつき合うほど尊敬の気持ちが深まるということなのです。

人づきあいというものは意外にむずかしくて、一、二年のうちは調子よくつき合っているのですが、だんだん相手のアラが見えてきて嫌になっちゃうみたいなことがよくあります。だから長年つき合っていて尊敬できる人物はよほどできた人間ということになりますし、同時に、自分もまた影響を受けて心掛けがよくなるということにもなります。

これが人づきあいの本質ですから、「晏平仲のような、こうした人間関係を目指しなさいよ」と、この章句では孔子さんが教えてくれているのです。

裸で踊れ

子曰わく、甯武子、邦に道有るときは則ち知なり。邦に道無きときは則ち愚なり。其の知は及ぶべきなり。其の愚は及ぶべからざるなり。（公冶長篇二十一）

何か事に挑むにあたって、「あなたはなりふりかまわずバカになれますか？」ということが問われている章句です。甯武子は春秋時代の君子で、〝バカ殿様〟になれた人なのです。

先師が言われた――『甯武子は国に道がある（整える）時は才覚を発揮して、国に道が行われない（乱れた）時には愚者のフリをした。その知者ぶりは真似ができても、愚者ぶりは真似ができない』。

この〝愚者ぶりは真似ができない〟というところがポイントです。ある漫画にありましたが、課長の失敗を上司がフォローするために取引先相手を料亭に接待します。そこで上司が「この度は申し訳ございませんでした。つきましてはお詫びに余興を」と裸踊りをやって場を治めたという展開でした。でもその上司は後に社長になる器の人だったのです。つまり、この裸踊りというバカができるかどうか、そこが問題というわけです。

調子のいい時は誰でもうまくやりますが、逆境になった時に、バカをやってまで危機的状況を何とか抜け出せるかということです。加賀百万石の前田利常の鼻毛しかり、忠臣蔵の大石内蔵助の放蕩三昧もそうなります。これは、人間ができているからこそ逆にバカができるのです。

でも、このバカができない人が、いわゆるエリートには多いのです。バカができないから、危機管理もできないで、会社なんかでもいいように使われて、いつの間にか外されたりします。できない理由の第一は物事の基準を自分中心においているからです。これを人のため、組織のためと考えれば、自分を捨ててバカができるというわけです。

また、世の中は色んな人間がいますから、頭ごなしに「ついて来い」と言ってもダメな相手もいます。だから時にはバカをやったりして、そういう相手にも一目おかれるようになれば、会社でもちゃんとまわしていけるということなのです。

時にはプライドなんか捨てて、「世のため人のために、時にはバカになろうや」ということなのでしょう。

大善非情

子曰わく、君子は周して比せず、小人は比して周せず。（為政篇十四）

この章句で言う〝周〟とは行き届く、分け隔てのないといった意味で、〝比〟とはへつらう、なれ合うといった意味であり、『君子は誰とでも分け隔てなく公平に親しんで交わるが、小人はある特定の人たちと偏ってつき合って交わる』という内容となります。

〝周して比せず〟というのは、ふだんは仲良くつき合っていて、ダメなものはダメと言える関係で、〝比して周せず〟はその逆で、ベタベタとしてなれ合うだけで本音では語り合わないのです。君子のつき合いは水のように淡々としていますが、小人のそれは甘酒のようだというそれです。本当の友情、人間関係というのは、是々非々で、いいことはいい、悪い事は悪いと進言できるかどうかで決まるのです。

〝大善非情〟〝小善大悪〟という言葉がありますが、例えば貧しい国に食料を持って行くのと、青年海外協力隊みたいに鍬を渡して開墾しようとするのと、どちらが本当の善でしょうか？

前者は小善大悪だし、後者が大善非情となります。大善非情の方は道のりが厳しくてつらいが、自分の力で米がつくれるという大善になる。でも小善大悪だと駄々をこねる子どもにひたすらオモチャを買い与えるように、甘えて自立にはつながらない大悪になってしまうということです。

会社などでもそうですが、だいたいが上っ面だけでつき合って、本音を言い合える関係という友人などなかなか見つかりません。でも、辛口を言っても素直に聞いてくれて、逆に素直に聞けるという関係性が理想なのです。自分が君子でいようと頑張ればそういう友人は見つかりますが、損得ばかりでつき合うと見つかりません。金の切れ目、利害関係の終わりが縁の切れ目というものです。

ですので、友だちは数ではなく、質で選ぶべきだと理解して欲しいのです。それがわからないからドロドロとした小人たちの集まりになって、陰湿ないじめにあって自殺のような悲劇を生むのです。この章句をよく考えて行動すれば、つき合う人間の基準をどこにおくのかがわかって、生きてゆく上で助けになるでしょう。

友人は自分の鏡

孔子曰わく、益者三友、損者三友、直きを友とし、諒を友とし、多聞を友とするは、益なり。便辟を友とし、善柔を友とし、便佞を友とするは、損なり。（季氏篇四）

『周して比せず』と関連した章句ですが、これは友だちの選択基準のことを孔子さんが語っています。

善き友だちというのは『素直で正直、誠実で、知識の豊かな人間』

で、逆に悪い友だちは『カッコばかりつけていて、人あたりはいいけど内面は誠意がなくて、口先ばかりで調子がいい人間』ということです。

つまり、益者三友が前者で損者三友が後者ですが、孔子さんは人間関係を論じる中で、こういう人とはぜひ交われ、こういう人とはつき合うなと、明確に言っているのです。具体的でわかりやすいので、自分の身に置き換えてみて、どんな人間たちと交友関係にあるか一度考えてみて下さい。

でもその前提として、自分自身が益者三友をちゃんとやっているかどうかが問題です。自分が損者三友だったら、善い友人が来るわけがないのです。その表裏が大事で、自分のレベルを知れということでもあります。「俺は何だってこんなに友だちに恵まれないで、よくダマされるんだ」と言っても、本人の心掛けが損者三友だから、同じような連中が寄ってくるというだけの話なのです。

いい人悪い人というのはわかるけど、だったら自分自身はどうなのかと。論語というのはそういう話になっていく。となると、自分がダメな人間なら変わるしかないのです。自分が益者三友になれば、自然と損者三友は離れて行って、同じ益者三友が寄ってきますから。これは間違いありません。まさに〝類は友を呼ぶ〟という話です。友人を自分自身が映る鏡だと思うといいでしょう。

善意の押し売り

子貢、友を問う。子曰わく、忠やかに告げて善く之を道き、不可なれば則ち止む。自ら辱めらるること無かれ。（顔淵篇二十三）

この章句を読むと、孔子さんというのは超リアリストだということがよくわかります。

弟子の子貢が友だちとの交わり方について尋ね、先師が答えられた

――『友だちが間違っていたなら本音で「違うぜ」って進言するのは大事だけど、聞き入れられないなら止めた方がいい。そこで無理をして自分が恥ずかしい思いをするもんじゃないよ』。

自分が善かれと思って注意しているのに、それが相手にとっては大きなお世話だという〝善意の押し売り〟って意外にあるものです。例えば年老いたお父さんに「危ないから運転免許証を返納したら」とすすめてもいうことをきかないとか、子どもに「勉強しろ」と言っても聞く耳を持たないとか。

こっちの価値観だけで押しつけたら、必ず反発を招くものです。それは人間関係を壊すだけだから「お止めなさい」と孔子さんは言っているわけです。言い過ぎて、逆に言い返されて「恥ずかしい思いをするんじゃないよ」と。

つまり、自分の思いを押しつけないで、相手の質を見極めた上で進言するものなのです。言い方とか、言うタイミングとか、色々考えて言って、そうすれば相手の受け入れ方も変わってくるでしょう。

それから、これで相手が本当の友だちかどうかという見極めもできます。伝わらなかったら友としての資格がないともいえます。でも、その場ではぶつかるけど、後で、「お前の言う通りだった」などということもあるでしょう。

いずれにしても人と交わって生きてゆく上でこんなことは山ほどありますし、そこの現実的な対処法、ポイントを孔子さんは教えてくれているといえます。

小人との距離感

子曰わく、唯女子と小人とは養い難しと為す。之を近づくれば則ち不孫なり。之を遠ざくれば則ち怨む。（陽貨篇二十五）

先師は言われた――『だいたい女子と小人というものは扱いづらいものだよ。近づけるとなれなれしく無遠慮になって、遠ざけると怨み言を言うんだからね』。

なかなか難しい時代になってきたもので、こうしたことを書くとフェミニストと称する女性から反感をかうかもしれません。でも、誤解をおそれず書くなら、この程度で反感を持つようでは君子にはほど遠く、小人なみの女性だということでしょう。

孔子さんはリアリストですので、現実的にそうであれば遠慮なくズバズバと言います。一般的に女性は男性よりも感情的になる傾向にあるから、人格者の定義からすると、「もう少し冷静に物事に対処しなさい」と孔子さんは言いたいのでしょう。小人も感情的に怒りをぶちまけたりするものです。

但し、孔子さんが言っているのは、あまり賢くない女性という前提があるといえます。例えば備中聖人と称された幕末期の儒家・陽明学者の山田方谷には、福西志計子という女性の弟子がいましたが、彼女は優れた教育者であり、徹底した男女平等論者でした。こうした女性は孔子さんの定義にはあてはまらないといえましょう。

つまり、女子でも男子でも、小人のように成長せずに教養もない人間は近づけたらベタベタしてきて、おべっかを使い、機嫌を取ったり、甘えてきたりしますが、遠ざけたら、「冷たいね」とか「そんな人だとは思わなかった」とか、恨み言をまき散らすというのです。

この距離感の取り方が、彼らとつき合う上でとても難しいと孔子さんは言っているのです。しかも小人は利害でつき合い方をはかって、人を利用しようとしたりします。だから、こうした自己中心的な人間や、人を利用しようとして近づいて来る人間とは、「ちゃんと見極めてつき合いなさい」ということなのです。

第三章

心を知る

論語のテーマはいたってシンプルなものです。それは「〝徳〟を身につけるために学ぼうじゃないか」ということです。

そして徳の中でも一番大切なのが〝仁〟であり、論語の最大のテーマでもあります。仁という字は人に二と書いて、人と人との間に通い合う親しみ、思いやりの気持ちを象徴しています。つまり、人間の生活には必ず人間関係があり、生きる意味において切り離せないということでもあります。

この〝徳〟や〝仁〟と聞いたあたりから「めんどくさいなあ」と、脱落者が出るかもしれません。でも、この学びによって思いやりの心を持ち続け、間違いなく人間関係が円滑になって「人生が楽しく、豊かになるよ」と言えばどうでしょう？

間違いなくと書いたのは、論語がリアリティのある実学だからです。実際にあった歴史の事実に則し、実際の人間の日常生活の中で起きうることを想定して書かれていますから、「こうすればうまくいくよ」とか、「そんなことをしちゃいけないよ」とか、問題となる事柄がリアルに、手に取るように理解できるのです。つまり、誰もが見聞きするであろう現象をもとにした教えなので、心に沁みてわかり、次に生かせるということなのです。

この章ではふだん生きてゆく中で、〝心をどう治めるのか〟ということをテーマに章句を紹介していきます。

反省とは、省みて省くということ

曽子曰わく、吾日に吾が身を三省す。人の為に謀りて忠ならざるか、朋友と交りて信ならざるか、習わざるを傳うるか。（学而篇四）

「日々反省してるか？」と問われて、「別に悪いことしてないし」と答えるようでは困るのでありまして、悪いことをしてもしなくても、自らが日々反省をすることはとても大切だと、孔子さんの弟子の曽子は語っています。曽子は孔子さんより年が四十六も下の弟子なのですが、なかなか優秀な人で、この章句を読んでもわかりますが、謙虚でとてもよくできたお弟子さんでした。

曽先生は言われた——『私は日に何度も自分のしたことを思い返してね、よくないことは取り除いて減らすようにしているんだ——「人のためを思って、真心込めてやったか」どうか。「友だちに嘘は言わなかったか」。「自分ができもしないことを人に教えるようなことをしなかったか」ってね』。

稲盛和夫さんが、人間の心の問題、〝利己と利他〟についてこう語っています。

人間には必ず自分中心の利己と人を思いやる利他の心が共存していると。一〇〇％利己心の人はいるかもしれないけど、お釈迦さまでもない限り、一〇〇％利他心の人はいないものです。制限速度を一キロでもオーバーしたことのないドライバーはまずいないでしょう。だから、現実問題として、半分の五〇％を基準にして、少しでも利己心より利他心が勝るように、努力しましょうというのです。つまり五一％以上の利他心を目指しましょうと。それにはどうすればよいかといえば、日々の反省しかないという話になるのです。

反省の〝省〟の字は〝省みる〟と読めるし、また〝省く〟とも読めます。つまり、〝省みて省く〟のが反省です。省くというのは自分が道理に合わないことや、筋の通らないまずいことをしたのなら、それを取り除いてやる、そうすれば利己心が減るということになるのです。そうやってどんどん利他心を増やしていく。謙虚に反省をすればするほど利他心が増えて、利己心が減るというわけです。

優れた料理人は、きれいに料理を平らげてもらったことの嬉しさより、一口だけ箸をつけて残された料理になぜかと思い、反省をするといいます。その気持ちが次の料理に生かされ、お客さんを満足させるのです。利己心が勝てばまあいいかとなることでも、利他心が勝てば〝人のために〟となります。ひいては商売もうまくいきます。これが利に義有り、ということでもあるのです。

それから、この章句の中で語っているのはすべて人間関係に関する言葉です。思いやりとか嘘とか教えるとか。だから、省くということは、人との信頼関係が築けるということでもあるのです。逆に言えば、自分に対して誠実さに欠けることをされたり、嘘をつかれたり、デタラメを教えられたのなら、その人を省けばいいということです。

安岡正篤さんは、『人間、万事、「省」の一字に尽きる』と書いていますが、それは生きてゆく中で、人間関係が本当に大事なことだからです。

滅びの方程式

子曰わく、人の己を知らざるを患えず、人を知らざるを患うるなり。（学而篇十六）

先師が言われた――『周りが自分のことをわかってくれないと嘆いてぼやくより前に、周りの人の優れたところに気づくのが先だよ』。

人間というのは承認欲求というのか、自分をわかって欲しい、ほめられたいと思う生きものです。逆に身近な人が出世したりすると、自分のことは棚に上げて「何で俺より評価されるんだ」と妬んでひがみます。

そういう心構えではなく、「どこがよくてあいつは俺より評価されたんだろう?」と、相手の長所に気づくことが大事なのです。それを謙虚に認めて自分に生かせば、周りも自分を認めてくれるようになります。自分の基準でどうのこうのと判断してはいけません。出世できない人間に限って自己中心の考え方をしているものです。

人間は自分に甘い。これが人間の弱さです。だから酒を飲んで同僚や後輩に愚痴を言って、家に帰ってヨメさんにグダグダとこぼす。その思いを誰かに受け止めて欲しいのです。でもいずれは相手にされなくなって、孤立して、よけいに妬みそねみの世界にどっぷり浸かって、自分の方がえらいんだ、できるんだと驕り高ぶり、やがてはボロボロになってくたばってしまうのです。これが人間の〝滅びの方程式〟というものです。

物理的にもそうですが、自分を中心にしてグルグル一人で回ったら、その遠心力で周りの人は散って逃げて、いなくなります。だから自己評価ではなく、他人評価が大事なのです。「俺、最近愚痴ばかり言ってるなあ」と、少しでも心当たりのある人は要注意です。

準備を怠るな

子曰わく、位無きを患えず、立つ所以を患う。己を知る莫きを患えず、知らるべきを為すを求むるなり。（里仁篇十四）

これは前章句の続きみたいなものですが、じゃあ認められない時はどうすればいいの？　ということが書いてあります。

先師は言われた――『地位がないってことを気にする閑があるな

ら、なぜ地位が得られないのかを考えろ。自分を認めてくれないことを気にする閑があるなら、どうすれば認められるんだろうと考えて、努力することだ』。

これは当たり前のことですが、前章句と同じで、これを読めば耳の痛いビジネスパーソンも多いのではないでしょうか。（何でこの俺が昇進できないでアイツができるんだ。これは会社が悪いんだ）などと思うことは、一度や二度はあるでしょうから。でもその時に、昇進できない原因を考えたり、認められるためにはどうすればいいかを考えて努力すればいいという話なのです。仕事は他人評価しかないのですから、不平不満を言っても始まりません。自らの手で道を切り拓いてゆくよりほかないのです。

大切なことは、いつチャンスが来てもいいように、常日頃から努力して準備を怠らないようにしておかないといけないということです。間違っても（この上司についていけば俺もイケる）などと、そんな情実人事があると思わない方がいいのです。そんなものは社内政治で簡単にひっくり返ってしまいますから。

何で認められないんだと愚痴をこぼすようじゃダメなのです。そんな閑があるのなら、逆に周りから（どうしてこんなにできる人に肩書きがないの？）と思われるくらいに実力をつけて、「誰かいないいか？」という、その時に備えておこうという話です。自分の力で地位を勝ち取る正論を、孔子さんは教えてくれているのです。

人から学ぶ

子曰わく、賢を見ては斉しからんことを思い、不賢を見ては内に自ら省みるなり。（里仁篇十七）

論語においては、人から学ぶというのが絶対条件です。知識でも技能でも、それを具現化しているのが人間しかいないのですから、その人間から学ぶしかないのです。だから、尊敬できる人物がいればそれをお手本にしますし、逆につまらない人間を見たら、じゃ自分はどうなんだって考えてみればいいのです。

先師が言われた――『（あ、この人すごいな、尊敬できる人だ）と感じれば、そうなろうと思って努力すればいいし、（ダメだなこの人は）と思えば、それを自分のこととして省みて気をつける』。

この章句も人物を見極める心構えということになりますが、こういう人間になりたいとか、これはちょっとヤバい人だなといった、そういう判断基準が必要です。優れた人を見倣って、切磋琢磨して、ともに頑張って伸びていけば人生が豊かになりますが、俺の方が優秀なのにと驕れば、妬みそねみ怨みの世界に入り込んで、果てには陥れようとしたり、滅びの方程式に陥ってしまうのです。

また、つまらない、ダメな人間を見て、（フフン、バカやってるな）とせせら笑って切り捨てる態度も、学ぶタイミングを逸しているといえましょう。〝人のフリ見て我がフリ直せ〟〝反面教師は偉大なり〟です。つまらない人間を嘲笑って切り捨てるのではなくて、反省するというところがポイントです。そこはやっちゃいけないことの宝庫です。これを自らに生かせと孔子さんは言っているのです。つまり、人間はいつでも素直で、謙虚な気持ちでいれば、いいも悪いも吸収できるということなのでしょう。

人生二度なし

冉求曰わく、子の道を説ばざるに非ず、力足らざればなり。子曰わく、力足らざる者は中道にして廃す。今女は畫れり。（雍也篇十二）

冉求というのは孔子さんの弟子ですが、能力は高いのに消極的な人物であったようで、その彼が泣き言を言って孔子さんから厳しい言葉で戒められています。

以下、シナリオ風に書きますと――

冉　求「先生の道は素晴らしいです。でも、私にはその力がとても足りないと思うんです。とても行えそうにもありません」

孔　子「（やれやれと）お前さんね、力が足りないかどうかなんて、ギリギリまで頑張って、死力を尽くして努力してみないことにはわからないじゃないか。力のない者なら途中で斃れるまでのことさ。しかしお前は最初から自分に見切りをつけてやろうとしない。それじゃ話にもならんだろう」

冉　求「（うたれて）……」

ここでのキーワードが限界を自分で決めるなということです。人間は何かをやってみてくじけたら言い訳をしたがるものです。人のせいにしたり、環境のせいにしたり。でもこれは自分で決めて始めたことですから、何（誰）かのせいでもなんでもなくて、全部自分の責任、自己責任です。結局途中でダメだと自分で見切りをつけてあきらめるから成功しないのです。

稲盛和夫さんがある製造メーカーで講演をした際、研究者から「京セラの研究の成功率は何％ですか？」と訊かれました。色んな研究がありますし、失敗するものもあるだろうと思って彼は訊いたのでしょうが、稲盛さんは即座に「一〇〇％です」と答えたといいます。聴いていたみんなは「それはないんじゃないの」と驚きました。でも稲盛さんは続けて、「成功するまでやり続けますから」と断言したのです。

つまり、成功するまで何があろうと努力して、絶対にあきらめずにやり遂げるという、それが大事なのです。自分で勝手な見切りをつけるから失敗するのです。そういった自己評価などは偽りだと考えるべきです。自分のその時々の感情や立ち位置で、自分の都合のいいように解釈して、言い訳しているだけなのですから。また、「でも」とか「だって」という言い訳の言葉も使わないようにしたいものです。

確かに孔子さんの道を極めるのは難しいでしょう。でも一番高いところに目標を持ってチャレンジするのがいいのです。そこに行き着くための方法を一生懸命に考えて、努力するのですから、そのプロセスが人間にとってためになるのです。それを俺はこんなもんだと見切りをつけて、最初からあきらめちゃいけません。

人生は二度ない。悔いのないように生きようではありませんか。

四つを絶て

子、四を絶つ。意毋く、必毋く、固毋く、我毋し。（子罕篇四）

孔子さんは常に〝私意・執着・頑固・自我〟の四つを絶たれたと、この章句で言っています。人間は、この四つにとらわれて生きているものですが、孔子さんのように生きて、バランスのとれた円満な人格になりましょうということです。

〝私意〟は自分の私見だけの偏った見方をして、〝執着〟は自分の考えを押し通し、〝頑固〟は一つの考えにこだわって離れない、〝自我〟は自分の都合しか考えない。この四つのうちの一つでも言ったり、行動に移したりすると、かかわる相手がいる以上、トラブルになります。だから人間関係を円滑にするためにもこの四つに注意して欲しいのです。

特に執着と頑固が問題になります。自分の考えを譲らず、強引に押し通すということは、家庭でも職場でもよくあることで、身におぼえのある人も多いでしょう。長年その道一筋で生きてきた人などは自分のやり方にこだわっていますから、なかなか柔軟性ある発想ができず、執着・頑固というサイクルから逃れられないのです。

それから、会社でも職人の世界でも、どのジャンルでもそうですが、時代とともに成り立ちが少しずつ変化してゆくものです。その変化についていけず、自分の考えから離れられないと、取り残されてしまうのです。今から二十年前に、今のようにスマホを一人が一台持って使う時代が来るなどと、誰が想像したでしょう？　今では、スマホを持っていないと仕事もできないような時代になってしまいました。

そんな時代を嘆いて、否定しても仕方がありませんし、柔軟性を持って変化についていき、学ばないと問題に対処もできなくなるのです。

仕事だけでなく、例えば今の時代はもうパワハラやセクハラといったことも御法度になっています。それに気づかないで時代遅れな発言、行為をして、訴えられて首が飛ぶなどということも頻繁に起きています。

孔子さんのように完璧にはできないかもしれませんが、この〝四つを絶つ〟ということを心がけて生きてゆくだけでも、トラブルが避けられますし、刻々と変わりゆく時代にもついてゆけるのではないでしょうか。

人生、ちょっと足りないくらいがいい

子貢問う、師と商とは孰れか賢れる。子曰わく、師や過ぎたり、商や及ばず。曰わく、然らば則ち師は愈れるか。子曰わく、過ぎたるは猶及ばざるがごとし。（先進篇十六）

この章句は一般的によく使われる〝過ぎたるは及ばざるが如し〟の原点ですが、孔子さんの弟子の評価がもとになっていると知っている人は少ないでしょう。

以下、シナリオ風に書きますと――

穏やかな春の日射しの中、湖畔の小径を孔子と子貢が歩いている。

子　貢「先生、師（子張）君と商（子夏）君とでは、どちらが勝っていると思っておられます？」

孔　子「師と商か……師はやり過ぎているし、商は物足りないね」

子　貢「ということは、師は商より勝っているということでしょうか？」

孔　子「（微笑み）いや、過ぎては猶及ばざるが如しだよ」

子　貢「（一瞬怪訝な顔をするが笑んで）なるほど……」

何事もやり過ぎてはいけないというのが〝過ぎたるは及ばざるが如し〟の通常の意味です。どうしてやり過ぎてはいけないのかといえば、それは人間としてのバランスに欠けるということです。第五章（陰と陽のバランス）で詳しくは紹介しますが、人間は陰と陽のバランスで成り立っています。陰は休息、陽はイケイケの精神だと考えればよくわかるでしょう。やり過ぎて遮二無二突っ走ると人間はどうしても疲れてしまうのです。

メチャクチャ忙しいアイドルが燃え尽きて、突然引退して全く別の道に進むといったことがありますよね？　それは走り過ぎて安息の場がなかったからです。過ぎてしまうとどうしても心に無理が生じて疲れ果ててしまうのです。

それから、やり過ぎるとどうしても目立ちますから、いい印象を持たない人もいます。妬まれて、「アイツちょっと絞めてやろうか」みたいなことになります。また、失敗したからといってガンガン叱りつけるのもやり過ぎで、後々遺恨を残すというものです。

何も頑張るなと言っているわけじゃありません。やり過ぎるなってことです。世の中は陰と陽のバランス、調和で成り立っている。それを崩すということは、どうしても無理が出てひずみが起きてくるのです。

かといってやり過ぎないのでも足りないのでもなく、ちょうど真ん中がいいというわけでもありません。どちらかといえば少し足りないのがいいのです。安岡正篤さんは、それを人間の身体に例えて〝弱アルカリ〟がいいと書いています。酸性側に偏るとアシドーシスといった病気になると。家庭でも亭主関白よりも嬶《かかあ》天下がいい、亭主は母ちゃんの尻に敷かれているくらいがちょうどいいというのです。

そういえばある作家の話で、その日のうちに全部書き切ってしまわないようにしていると聞いたことがあります。もう少し書きたいというところで筆を止める。そうすることで次の日の筆の勢いを残してつないでゆく。これも長続きのコツなのでしょう。

要は何事もほどほどが一番ということです。

孔子さんは弟子たちの個性から、こうした繊細な人間の機微までも見抜き、それを人生の教訓、糧として子貢に伝えたのです。つまりは人生、ちょっと足りないくらいがいいと聞いたら、気が楽になるのではないでしょうか。

与えられた仕事がいい仕事

子張、政を問う。子曰わく、之に居りて倦むこと無く、之を行うに忠を以てす。（顔淵篇十四）

子張が、孔子さんに「政治ってどう行えばいいんですかね？」と訊いています。それに対して孔子さんは、『与えられた仕事を投げ出さずに、誠心誠意、真心を込めやり遂げることだよ』と答えているのがこの章句です。

与えられた仕事に真面目に取り組んで全力を尽くすというのは、当たり前といえば当たり前のことですが、今の時代、そうした価値観も変わりつつあります。

「僕にはこの仕事は向いていません。辞めさせてもらいます。辞めてしばらく自分探しの旅に出ます」などと言って、一年も経たないうちに会社を辞めてしまう。要は与えられた仕事が気に入らない、仕事の選択権が自分にあると勘違いしてこうした言動になってしまうのですが、自分探しなんてカッコつけてはいるものの、早い話がわがまま、利己心に過ぎないのです。

第一章（仕事は学ぶもの）でも書きましたが、一旦会社に入れば自分で仕事は選べないのです。だから、〝与えられた仕事がいい仕事〟となります。縁があってもらった仕事なのですから、不平不満を言っている閑があるなら、全力で取り組むのです。たとえそれがきつくて汚い仕事でも、子どもにでもできるような仕事でも。手を抜かないで、必死にやっていくうちに、どんな仕事にも創意工夫の余地があるとわかるのです。

それから、仕事というものは、その仕事ぶりを必ず誰かが見ています。見ていないようでちゃんと見ているのです。だからそこで他人評価が生まれて、次のチャンスに恵まれるのです。何度でも書きますが、仕事に自己評価は絶対にあり得ません。すべて他人評価です。これは社長もヒラ社員も同じこと。だから、孔子さんの言うように、その地位にいて、与えられた仕事があるなら、真心を込めて「全身全霊で取り組め」ということなのです。

これを孔子さんは紀元前に言って、そりゃそうだよなって、みんなが共感するからズーッと残っているのです。その事実を受け止めれば、少しは仕事に取り組む姿勢も変わるのではないでしょうか。

思いやりの心を持ち続ける

子貢問うて曰わく、一言にして以て身を終うるまで之を行うべき者有りや。子曰わく、其れ恕か。己の欲せざる所、人に施すこと勿れ。（衛霊公篇二十四）

この章句では、人間は生涯において思いやりを持ち続けることが大切だと説いています。

以下、シナリオ風に書きますと――

孔子と弟子の子貢が向き合い、茶を飲みながらくつろいでいる。

子　貢「先生、人として、一生涯行い続けなければならない大切なことを、一言で言えばなんでしょうね」

孔　子「ン？　一言か……そうだなあ……恕、か。思いやりじゃないかな」

子　貢「思いやり、ですか」

孔子、ゆったりと茶を啜って、

孔　子「うん、自分がされたくないことは、人に押しつけないってことだよ」

これはとてもわかりやすい章句です。〝恕〟というのは第五章（陰と陽のバランス）で詳しく紹介しますが、如の心と書いての通り、慈悲の真心で包み込む思いやりといった意味です。ですので、相手の気持ちを察する思いやりの心があれば、嫌なこともしないだろうということなのです。

でも人間というのは何かに執着すると利己心が大きくなりますから、相手のことを思いやる気持ちも薄くなります。政治的なこともそうですが、少数だからといって、多数決で強引に押し切ろうとすると相手を傷つけて、遺恨を残すようなことになります。その小さな綻びが大きくなって足もとをすくわれる可能性もあるでしょう。孔子さんの言う通り、思いやりの気持ちを持って接すれば、その傷口も小さくてすむのです。

しかも孔子さんはその思いやりの心を持って、生涯にわたって事にあたりなさいと言っています。口で言うのは簡単ですが、実際にそれを行い続けるというのは並大抵のことではありません。

それから、前にも紹介しましたが、子貢というのは聡明才弁ですが、人格者としては今ひとつの弟子でしたから、孔子さんとしては彼に向けて贈った言葉かもしれません。もっと人を思いやる気持ち、人の心を慮りなさいと。才走るとつい人を傷つけても気づかずに通り過ぎてしまうことがあるからということでしょう。

とにかく人と接するにあたっては〝恕〟、思いやりの気持ちを常に持ち続けましょうということなのです。

本当の過ちとは

子曰わく、過ちて改めざる、是を過と謂う。（衛霊公篇三十）

先師が言われた――『過ちをおかしておきながら、それをあらためようとしないことを、本当の過ちというんだ』。

人間は誰でも過ちをおかすものですが、その間違いに気づいたら反省をして、同じ過ちを繰り返さないようにするのが人間としての進歩、向上です。

戦争などの悲劇についてよく言われますが、〝過去を忘れようとする者は、過去を繰り返す者だ〟ということです。気づいているくせになかったことにしようとか、とぼけたり、もっとひどい者になると、人のせいにしようとします。これは自分のプライドや地位、キャリアなどに傷がつくことを恐れてのことであり、利己心から生まれる醜態です。

人間は失敗や過ちを乗り越えてゆくことで磨かれ、成長していきます。だから厳しく反省をするべきなのです。しっかりけじめをつけて、引きずらないで頭を切り替え、新たな目標にチャレンジしていくのがいいのです。

ただ、深く反省するにはやはり、日頃から素直で謙虚な気持ちでないとできません。そうでないとうわべだけの謝罪や、つい言い訳をしてかえって問題をこじらせたりするものです。例えば著名人が不祥事を起こして謝罪会見の場にのぞみ、聞き苦しい言い訳をしてまた騒ぎになるといったことがそれです。

ここで日頃から心がけたい『六幸言』という六つの言葉を紹介します。これは本当に当たり前の言葉ばかりですが、意外にできないというか、できていないことが多いのです。

①「はい」（素直）
②「すみません」（反省）
③「教えてください」（学び）
④「ありがとうございます」（感謝）
⑤「おかげさまで」（謙虚）
⑥「させていただきます」（奉仕）

素直に「はい」と言うところからスタートして、間違ったら「すみません」と反省して、わからなかったら「教えてください」と人に学んで、「ありがとうございます」と感謝して、ほめられても「おかげさまで」と謙虚に言い、恩を返す気持ちで「させていただきます」と奉仕するのです。

この六つの言葉が日頃から自然と口から出るようにしておけば、孔子さんの言うような、過ちをあらためないという本当の過ちをおかすこともなく、もし過ちをおかしても、深い反省になるというわけです。

人生を楽しむには

孔子曰わく、益者三楽、損者三楽。禮楽を節せんことを楽しみ、人の善を道うことを楽しみ、賢友多きを楽しむは、益なり。驕楽を楽しみ、佚遊を楽しみ、宴楽を楽しむは、損なり。（季氏篇五）

人生においては、有益な楽しみが三つ、有害な楽しみも三つあると孔子さんは言っています。

先師は言われた――『有益なのは礼節と音楽をほどほどに愛好して、他の人の美質をほめることを楽しみ、賢い友だちを増やして交わることを楽しむことだ。有害なのはぜいたく三昧、わがまま三昧を楽しみ、遊び呆けるのを楽しみ、酒色に溺れるのを楽しむということだ』。

遊ぶのはいいけれども、その中にも「礼節を持ってやりなさい」というのが孔子さんの教えです。例えば宴会などで無礼講だからといって、酔っぱらった勢いで会社や上司の批判、同僚や部下の悪口を散々言うとか、それでは周りは白けるし、もう楽しむどころではありません。遊びとはいえ、人と接する以上は、周りの人を尊敬する心を忘れないで、礼儀をわきまえて、自分も周囲の人も楽しい場にしなさいということなのです。

つまり、どんなにリラックスした状況であっても、自分を律する気持ちがないとダメだというのです。自分の欲望のまま、ぜいたく三昧のわがまま三昧、快楽を求めて酒色に溺れるなどというのは、楽しいのは一瞬だけで、長い人生においては損をするよと。人間は弱い生きものです。弱いからともすれば欲望に負ける。だからこそ自分を律せよというのです。

こんな話があります。ある経営者が、それまでは毎晩のように仕事仲間たちと飲み歩いて、女性をはべらせながら、仕事の愚痴や人の悪口といった毒をまき散らしていたのですが、ある出来事をきっかけに心を入れ替え、論語など中国の古典を学び始めました。すると三年も経った頃、ふと気づけば飲み歩いていた仲間たち、遊んでいたメンバーが総入れ替えになったそうなのです。それは飲み歩いている時間より、学びを通して新しく出会った人たちと語らう時間の方が大切で、楽しくなったからでした。

これこそが〝賢友多きを楽しむは益なり〟の実践でしょう。快楽がやがては身の破滅を呼ぶのは世の常です。利己心をもとにした楽しみは自分だけの世界であり、そこには進歩も向上もありません。だが自分を律して周りの人を敬い、交わる楽しみは世界を広げ、自分を向上させます。良い友だちに恵まれ語らうことは、この上ない人生の楽しみとなるのです。

〝益者三楽、損者三楽〟の言葉を肝に銘じて、人生を楽しみたいものですね。

第四章

リーダーになる

論語は人の上に立つ、リーダーの立場にいる人間にとっても、あるいはリーダーを目指す人にとっても、重要な書であります。

いつの世でも、国が混乱して乱れ、国民を不幸にするというのは、リーダーがダメな時です。権力者や地位のある者が嘘をついたり、不正をすれば、ついていく者も感化されてダメになってゆく。果ては戦争につながるというわけです。

孔子さんが生きた、春秋時代（紀元前七七〇～四〇三年）もそうでした。この時代はたくさんの諸侯がいて、権力闘争の果てに世の中の治安や秩序が乱れ、人間が堕落し、混乱を招いていった背景がありま す。そんな中で孔子さんは、〝徳〟という学問で身を立て、政治を立て直そうとしました。リーダーが徳を身につけることで、よいお手本にして、みんなを感化していくという、理想の世の中を思い描いたのです。

そのためには〝修己治人〟といって、「自分を修めて人を治める」という学びが必要でした。これは上から押しつけられる勉強ではなくて、自分自身の力で自分を磨くという学びです。そして、そうした努力の積み重ねの上に到達できる人間が〝君子〟であり、そうなるように説いたのが論語でもあるのです。

この章では〝リーダーとはいかにあるべきか〟をテーマとした章句を紹介していきます。

リーダーは〝深沈厚重〟であれ

子曰わく、君子、重からざれば則ち威あらず。学べば則ち固ならず。忠信を主とし、己に如かざる者を友とすること無かれ。過てば則ち改むるに憚ること勿れ。（学而篇八）

リーダーの資質とは何でしょう？　問われてもなかなかすぐに答えられる人は少ないのではないでしょうか？　仕事のできる人、頭のいい人……そんなイメージがあるのなら、それは間違いです。

先師が言われた――『人の上に立つ人というのはね、軽々しい言動はしないもので、重々しい威厳があるもんだよ。学んでいけば独りよがりにはならないし、意固地にも頑固にもならない。誠の心を第一として、安易に自分より知的にも徳としても劣った者と交わっていい気になってはいけない。そして過ちに気づいたなら、誰に憚ることなくあらためるんだ』。

『呻吟語』という中国の書があります。呂新吾という人が四〇〇年ほど前に書いた、自己啓発本のさきがけのような書です。その中に人物のタイプで等級をつけたくだりがあるのですが、そのベスト3を紹介しますと――

第一等　深沈厚重……どっしりと落ち着いて深みのある人物
第二等　磊落豪雄……細々としたことにこだわらない豪放な人物
第三等　聡明才弁……頭が切れて弁舌鮮やかな人物

ということになります。ここで気づいた人もあるかと思いますが、一般的にみんなが一番いいと思っているのは〝聡明才弁〟ではないでしょうか？　でもそれは頭がいいのだけど第三等の人物であり、リーダーとしての格も落ちるということになるのです。

よくある聡明才弁のタイプは弁舌が達者で数字にも強く、言っていることは正論で誰も言い返せないという秀才型の人間でしょう。確かに言っていることは間違っていないのですが、周囲の人はだいたいこう感じているはずです――（生意気な奴だ）（態度がでかいなあ）（どうせ何を言っても言いくるめられるだけだ）といったもので、それは才を認めてはいても、リーダーに適した人格者としては認められてはいないのです。

〝磊落豪雄〟も中小企業のワンマンオーナーにいるようなタイプで、ガンガン引っ張るけどみんなが疲れちゃうみたいなということで第二等です。

では第一等の〝深沈厚重〟はどうなのかというと、いわゆるカリスマ性があるというのに似ています。でもここで言うカリスマ性というのは、こけおどしでもなく本物だということです。

つまり、孔子さんの言うように、学んでいるから独りよがりにも頑固にもならないのです。自分に自信があるから、人の意見を幅広く受け入れる度量があって、自分の考えを押しつけない――常に誠実で嘘をつかず、自分ができるからといって力の弱い者を従えて牛耳ったりはしない――そして過ちに気づいたら素直に謝って反省をする――これが威厳のある〝深沈厚重〟を生み出す、第一等の人物、優れたリーダーの資質だというのです。

特に学問においては中国の古典のような、人間学、徳を学んでいれば、政治家や経営者としては最適な、有為な人物となります。友だちも自分よりも優れた人物を選ぶことで、さらに自分を磨いてゆく。間違いをおかせばすぐに反省をしてしかるべき対処をする。こうした資質は、聡明才弁、磊落豪雄な人物には乏しいものといえましょう。

稲盛和夫さんの人事は、仕事のできる人間（聡明才弁）には報酬で報いて、徳のある人間（深沈厚重）には地位を与えるというものです。トップは信賞必罰が必須です。そうした人に地位を与えれば、偏りなく公平公正に部下を見て、適材適所ができるでしょうから、会社を健全に紡いで、発展させてゆく正しい人事だといえます。

〝深沈厚重〟の人物は自然と尊敬され、あくせくとしなくても、人から選ばれるということです。他人評価で選ばれる人格者、それがリーダーの理想像だということです。もちろんその資質を見抜かなくてはならないという、リーダーを選ぶ眼を鍛えるということも必要になります。それには選ぶ側にも、利己心に惑わされない、正しい道を歩む必要があるということなのです。リーダーを選ぶ時や選挙の投票などの時には、こうした考え方を生かして基準としたいものです。

君子の器は変幻自在

子曰わく、君子は器ならず。（為政篇十二）

「君、器がちっちゃいね」なんて言われたらショックを受けますよね。逆に「器が大きいね」なんて言われたらエッヘンなんて気分になります。でも孔子さんの定義はちょっと違うのです。

先師が言われた――『できた人間の器というのは、何かこう、決まった働きをするような形の定まった器などではない』。

自分が真面目に努力を重ねて学んで、その道を求めて進んで行ったら、器というものはどんどん広がっていく。だから君子の器には限界というもの、終わりというものがないというのです。

逆によからぬ、利己的な気持ちを持てば、器はどんどんしぼんでゆく。つまりは君子の器とは常に変化する、変幻自在だということです。だから、孔子さんの定義では、人の器とは大きさの決まった器などではないのです。

別の章句で、孔子さんが弟子の子貢に、「お前は祭りに使う大切な器だ」というものがあります。一見ほめているようにも感じられますが、前述した孔子さんの基準から言えば、「なかなかよい器（才能）だけど、まだまだ道を極めたとはいえないね。もっと頑張れるよ」ということです。器の大きさを自分で決めるな、もっと学んで大きくなれと。

それから、器が変化するにあたっては年齢も関係なく、超越しています。いつ何時でも生きもののように、その人の心の変化によって、器は大きくもなるし小さくもなるのです。つまり、たとえ六十や七十の齢になってからでも、そこで新たな気づきがあって、努力して学んでいけば、その器はまだまだ広がって大きくなっていくのです。だから、学んで自分を磨くという意味においては、(自分の器はたかがこんなもんだ)と限界を勝手に決めて、あきらめてはいけないのです。

まあ常に生涯にわたってチャレンジし続けて、器を大きくしていこうということですね。

利益は義で得よ

子曰わく、君子は義に喩り、小人は利に喩る。（里仁篇十六）

行動するにあたってあなたは何を優先させて行動していますか？ という問いかけを孔子さんはこの章句でしています。

先師が言われた――『できた人というのは〝義〟の心に敏感で、それを最優先に行動を起こすけど、不誠実な人は自分の〝利〟に敏感で、それを最優先に行動を起こすものだよ』。

義というのは人間として守らないといけない道ですが、それを踏み外して利に走ったとしても法的には罪にはなりません。だがそれは所詮自分だけがよければいい、多少は人を踏み台にしてもいいだろうという、利己心によるものですから、ゆくゆくは人から後ろ指をさされるようなことになるのです。

例えばライバルの悪口を上司に吹き込んで自分が出世するとか、お金にまかせて会社を乗っ取るとか、粗悪品を売りつけるとか。政治家なら同じ選挙区の議員を蹴落とすために中傷合戦をやるとか、秘密を暴露して徹底的に叩くとか。こうしたことはよくあることですが、所詮は利己心の行動で、深い遺恨を残すのです。

孔子さんは人を傷つけたり、泣かせてまで〝利〟を追い求めることには絶対に反対で、だからこそ、たとえ競争でも〝義〟をもって正々堂々と戦おうじゃないかといいます。特に売り買いする商売はそうでしょう。つまり、自分が儲けさせてもらうのも、周りに感謝されてこそだと、そういう利益を追求しようじゃないかと。

これは第五章でも紹介しますが、〝義は利のもと、利は義の和〟という、正しい道によって利をつくり、利は正しい道によって成り立つという、そういうモラルを守って、フェアーな精神でいこうじゃないかということなのです。

近江商人の有名なモットー『三方よし』というのがあります。

一、買い手よし

一、売り手よし

一、世間よし

この三つが揃ってこその正しい商いだというのです。利益さえ上がれば何をしてもいいという態度は、一時は儲かるかもしれませんが、長続きはしないものです。例えばテレビコマーシャルなんかで派手に宣伝をして一時は大々的に売り出しますが、その実情は色々問題があって、売り手と買い手の間でトラブルが起きて会社が傾くとか。こんなことは今、山ほどあります。

利益は大切ですが、結局はモノでもサービスでも、人に何かを提供するのですから、人あっての利益なのですから、人を裏切るような真似をしないで、〝義〟をもって誠実にやっていこうという、その気持ちが大切なのだといえましょう。

リーダーは弘毅であれ

曽子曰わく、士は以て弘毅ならざるべからず。任重くして道遠し。仁以て己が任と為す、亦重からずや。死して後已む、亦遠からずや。（泰伯篇七）

曽先生が言われた――『士（リーダー）は度量があって意志が強くなければならない。それはあまりにも任務が重くて遠い道のりだからだ。仁を行うことを自分の任務とするのは何て重いことか。全力を尽くして死ぬまで任務にあたるのは何て遠いことなんだ』。

これぞリーダー論というべきもので、これを聞いてビビっているような人はリーダーや経営者には向いておらず、奮い立つくらいでなければダメでしょう。

この〝弘毅〟という言葉がポイントですが、これをそのまま名前に使っている人もいるほどです。弘毅の弘は、広い視野、見識があるという意味で、弘毅の毅は、意志の強さを意味しています。つまり、リーダーというものは、どんな困難があってもへこたれない、壁にぶち当たってもたじろがない気力が必要だと。

特に経営者にはこの資質が必要とされるでしょう。経営者はどんな困難に見舞われても、逃げないで立ち向かっていかないといけません。

ただ、広い視野、見識というのは学ばないと無理です。それは、艱難辛苦をなめ尽くした果ての人生経験が深くかかわってくるものです。〝亀の甲より年の功〟という、その経験値が生きてくるのです。

どれだけ困難でもやり続ける強い意志、そして広い視野を持つということ。この二つがリーダーになるべき人の大きなポイントなのです。

智・仁・勇

子曰わく、知者は惑わず、仁者は憂えず、勇者は懼れず。（子罕篇三十）

人としてこういう尊敬できる条件を満たしたいという、これはとてもわかりやすい章句です。

先師が言われた――『知者は物事の道理がよくわかっているから迷わない。仁者は私欲にとらわれず、天理のままに生きようとするから心に悩みがない。勇者は意志が強く、何者も恐れない』。

知・仁・勇というのは徳をあらわす有名な言葉です。最初の〝知〟という文字は知識の知ですが、本来は〝日〟がついて〝智〟となるべき言葉です。なぜかといいますと〝日〟がつくことでその知識を日常生活において活用するという〝智〟になるからです。だから、物事の正しい筋道がわかっている智者は、知識を日常生活に生かしている人格者だから、何事にも迷うことはないという解釈になります。

次の仁者は、私欲にとらわれない、つまり心にやましいことがないから、思い悩まないということですが、人間は一つや二つはやましさを抱えて生きているものです。そこで稲盛和夫さんがうまいことを言っています。それは『感性的な悩みをしない』ということです。何でもかんでもネガティヴ思考で悩まない。ありもしないことをクヨクヨ悩むなと。一度おかした失敗や過ちはもとには戻らないのですから、いつまでも引きずっていても仕方がない。だから反省はしないといけないけど、切り替えて新たな一歩を踏み出せということなのです。

最後の勇者は、本当の〝勇〟とは何かを考えなければなりません。それは闇雲に向かっていく、いわゆる〝匹夫の勇〟ではありません。それが本当の勇だと思ったら大間違いで、真の勇とは、向かって行く時の勇気も必要ですが、逃げる勇気、撤退する勇気も必要なのです。

犠牲が大きくならないうちに撤退することは臆病でも何でもなく、本当の勇気ある行動です。

このように、智・仁・勇という条件を一つずつでもマスターして、徳を身につけたいものです。

すべては自己責任だ

子曰わく、君子は諸を己に求む。小人は諸を人に求む。（衛霊公篇二十一）

人間は誰でも過ちをおかします。そんな時、君子というのは、過ちがあれば反省して、その原因を自分自身に求めるが、小人というのは全部それを人に押しつけてしまう。それを孔子さんは語っています。

社会人ともなれば役割があって、それには必ず責任がついてまわりますが、小人は会社でもどこでも、失敗を全部人のせいにしてしまうものなのです。

権利と義務がありますが、肩書きが欲しいなら、それに見合う責任を持てというのが基本です。これが一致していたら誰も文句は言いません。「部下の失敗は私の責任です」と言えるくらいでないと誰もついて来ないのです。人それぞれの立場立場で、自分の責任とは何かということを問いつめないといけなくて、その責任を全うできないのなら、その立場、地位にいてはいけないということです。

責任を人に押しつける、そういう人間はリーダーには向いていないのは当然のことです。前述しましたが、稲盛和夫さんの人事は、仕事のできる人間には報酬で報いて、徳のある人間には地位を与えるものです。徳のある人間なら、責任を人に押しつけることは絶対にありませんから。

結局、すべての責任は自分自身にあるといえます。チャンスは平等ですが結果は不平等だという〝当たり前〟を受け入れなくてはなりません。結果に平等を求めようとするから、おかしくなって、責任を認めたくない状況に陥るのです。結果がダメならちょっとしんどいのをがまんして、自分の責任を謙虚に認めて、反省をして、原因を求めて、次に生かせばいいのです。

善人はひとりぼっち

子曰わく、君子は矜にして争わず、群して黨せず。（衛霊公篇二十二）

先師が言われた――『君子（人格者）は軽々に自己主張しないで争わず、おおぜいの人といても徒党も組まない』。

人格者はたくさんの人たちといても自己主張せず、偏って党派をつくらず、入らず、でも協調性を重んじます。このバランス感覚というか、塩梅がとても難しいのです。この章句は人格者、君子と呼ばれる人がいかに他の人たちと交わるかというポイントが書いてあります。

悪党という言葉があります。安岡正篤さんによれば、悪党、悪い奴らというのは必ず徒党を組むといいます。だから〝悪党〟なのだと。でも善人の場合は〝善党〟などとは言わない。善人は善人でしかないからつるまない、正しい考えをしっかり持っているから、軽々しく徒党は組まないのです。逆に言えば、ひとりぼっちなのです。ですから、善人と悪党が闘ったら絶対に負けるというのです。

それが現実ではありますが、そもそも善人、人格者は争いません。徒党を組みませんし、自己主張を無理に通さず、相手の話を聞きながら、バランスをとっていくものです。相手の言葉を受け入れつつ、自分の意見を主張します。これは本当に難しいことですが、そういうことができないと君子にはなれないよと、徒党を組んで小人になるしかないよと孔子さんは言っているのです。

結局自分が正しいことを言って、協調性があれば受け入れられますが、正しくなければ批判にさらされます。その時に、頑固親父のように「こうなんだ」と押し通すのか、十人が十人反対するのならちょっと引こうかと、二面性があらわれてくるものです。

これが逆に、向こうがそれこそ徒党を組んで間違った主張をしてきたらやっかいです。でもここで自分の欲というか、利己的な主張でなく、徳をベースに説得すれば、『徳は孤ならず、必ず鄰有り』（第二章参照）で、主張が正しいとなれば、同調する仲間があらわれるというわけです。その同調してくれる仲間がどれだけ出てくるか、自分にどれだけの〝徳〟があるか。それが試されるともいえるのです。

具体的に言えば、政治家のことを思えばよかろうかと思います。困難な問題があっても、本当に徳がある説得を国民にできるかどうかが問題ですが、そんな政治家は近年ほとんど見かけなくなりました。ほとんどの政治家は、政党や派閥に頼って付和雷同で行動をしています。だからなかなか国民の信を得られないのです。人間として信用されないという、これは日本にとってある意味悲劇だといえましょう。

自分の意見を持って、色々言われたとしても簡単にはなびかないで、言うべきことは言うけど争わず、でもなれ合わず、相手との距離感を保つ。徳の心を持って、粘り強く事にあたれば、必ず仲間が一人二人とあらわれるはずです。善人は孤独ですが、まさに徳は孤独ではないということなのです。

あるのは他人評価だけ

子曰わく、其の身正しければ、令せずして行われ、其の身正しからざれば令すと雖も従わず。（子路篇六）

これはリーダーの宿命論みたいなもので、リーダー自らが襟を正しなさい、ということです。

先師が言われた――『上の立場にある者が正しかったら、命令しなくても下の者が物事を進めていくが、正しくなければどんなに厳しく命令したっていうことをきかないよ』。

ここでの一番のポイントは、もう何度も書いていますが、仕事というのはすべて他人評価で決まって、自己評価は絶対にないということです。特に経営者やリーダーは、人の上に立つべき人かどうかが問題です。トップがちゃんとやっていて、人から後ろ指をさされないような人間なら、部下もついていって一生懸命やるものです。ところがそうじゃなかったら、命じてもいうことをきかないとか、怠けるとか、挙げ句に内部告発だって起きるでしょう。

〝徳のある人間には地位を与える〟という稲盛和夫さんの人事論を紹介しましたが、まさにそういうことです。上に立つ者に徳があれば、下につく者は必ずいうことをきくのです。

だから、リーダーになる者には、「俺はこれだけ頑張っているのに」「これだけみんなにしてやってるのに」というような、自己評価は絶対に存在しないのです。売り上げ一つにしても、人様が評価して初めて上がるのですから、全部他人評価です。相手のことや、その関係性をよく考えて正しい行いをしなさいと孔子さんは言っているのです。

会社でいえば社員や部下のことを第一に考えて、場合によっては組織やシステムを変えることで環境を整えるとか、家庭の中でも自分のことはおいといて、妻（夫）や子どものことを優先的に思いやるとか、そうすれば物心両面からの幸せが得られるのです。俺が俺がと言っている間は、リーダーや経営者になどなる資格はないし、なるべきじゃないでしょう。

〝和〟と〝同〟の違いを知ろう

子曰わく、君子は和して同ぜず、小人は同じて和せず。（子路篇二十三）

日本人は割とつるむのが好きです。付和雷同というやつです。何となくみんな一緒だと安心するから、事を荒立てないようにして、「そうそう、その通りだよ」と、腹の中では違うと思っていても同調してその場を治めようとするのです。

先師が言われた――『君子は誰とだって仲良くするもんだけど、何の考えもなく調子よく合わせたりはしないよ。でも小人は誰とでも調子をうまく合わせるけど、ちゃんと話も聞いていないし、心から仲良くなるってこともない』。

〝和する〟というのがポイントで、これは自分というもの、意見や考え方をしっかり持った上で周りの人たちと馴染んで仲良くつき合って、協力し合う、つまり協調性があるということです。

逆に〝同じる〟というのは自分の意見を持たない、日和見的な感じで人づきあいをするというものです。いわゆる付和雷同です。早い話が君子と小人の違いは、主体性があるかないかなのです。

ではどうして付和雷同がダメかといいますと、〝なあなあ主義〟というか、なれ合いになるとすべてがいいかげんになって、組織としての活力や団結力が衰えていくということなのです。そうなってしまうと、その中からは優れたリーダーが生まれにくくなるのです。

理想的に言えば、それぞれが個性豊かで一見まとまりにくいようなたくましい人間たちが集まりながら、いざという時には一致団結して事にあたる。それがいいのです。プロスポーツの世界でも、個性派揃いの実力ある選手たちがチームワークバッチリで戦えば、メチャクチャ強くなるでしょう？ 優勝間違いなしです。ただそれをやるには

〝なあなあ主義〟ではダメで、闊達に議論し合って、いいことはいい、ダメなことはダメという、是々非々で事を進めるべきなのです。

つまりは〝和する〟長所を生かしながら、しかも〝独立自尊〟という自分の力で事にあたれるような優れた人格のある人間になりたいね、ということです。

ただ、家庭の中の男の立場としては、ちょっと事情が変わるかもしれません。多少、付和雷同の方が奥さんとのつき合いがうまくいくかもしれないという、これが論語における臨機応変のリアリズムでもあるわけです。

人生の大病とは

子曰わく、君子は泰にして驕らず、小人は驕りて泰ならず。（子路篇二十六）

これは読んで字のごとくで、自信のある人間は謙虚で驕り高ぶらないが、傲慢に振る舞う人間に限って自信がない証拠だというものです。

王陽明の『伝習録』の中に名言があります——『人生の大病はただこれ一の「傲」の字なり。謙は衆善の基として、傲は衆愚の魁なり』。

つまり、人生における最大の病気は傲慢の〝傲〟で、謙虚はあらゆる善の素養であり、傲慢は悪の始まりだということです。

これも人間を観る基準の一つですが、教養を学んで身につけた君子は、自信があるから何があっても騒がないで謙虚でいられる。ところがそれがない小人は、自信がないから虚勢をはって威張りたがるし、何か失敗したら大きな声で言い訳をする。弱い犬ほどよく吠えるというでしょう？　まさにそれです。ワアワア騒ぐ人間に限って自信がないから、臆病でオドオドしています。リーダーの立場になる者がそれでは本当に困るのです。

でも逆に謙虚過ぎてもいけません。それが過ぎると卑屈になるのです。媚びへつらって、ご機嫌取りに見えます。日本人は基本的に性質がおとなしくて、何でも「ハイハイ」と頭をペコペコ下げることが謙虚だと勘違いしている人も多いですが、それは間違いです。

毅然としてなお、謙虚。堂々たる謙虚が本物なのです。そのためにはしかるべき教養が必要ですし、つまり、その学びのレベルが、そのまま謙虚か卑屈か、どちらかのレベルになるというわけなのです。

剛毅木訥

子曰わく、剛毅木訥、仁に近し。（子路篇二十七）

ここでは最高の徳である仁（他人を思いやる優しさ）に一番近い人物像を孔子さんが語っています。

剛……信念のある強い心。物事を恐れずに立ち向かう勇敢さ。

毅……苦難に耐え忍ぶ忍耐力がある。

木……真面目で飾り気がなく、見栄もはらない。
訥……口数が少なく、無駄口を叩かない。

この四条件が揃えば仁者に近いというのです。ただ孔子さんは、〝仁に近い〟とは言っていますが、〝仁である〟とは言い切ってはいません。それほど仁の道、到達点は遠いということなのでしょう。

剛毅木訥の人は、芯がしっかりとしていて、自分の中にゆるぎのない信念を持っています。だからこそリーダーとして決断が下せるし、目標を実現させるための忍耐力も持ち合わせているのです。本当に信頼のおける人というのは、こうした〝ぶれない心〟を持っています。

仁というのは〝他人を思いやる優しさ〟といったことです。「何だそんなことか」と言うなかれ、一時はそれができても、生涯その仁を貫き、誰かに尽くすという行為は並大抵のことでできるものではないのです。だからこそ、こうした四条件を満たし、優れた人格者でなければできないというのです。

逆に仁のある人かどうか見極めるポイントとしても、この四条件に照らし合わせて判断することもできますから、ぜひ活用して欲しいものです。

君子か小人か、それが問題だ

子曰わく、君子は上達し、小人は下達す。（憲問篇二十四）

先師が言われた――『君子、大人物というのは社会的な事柄や道義のような大きな面を重視するけれども、小人は個人的な事柄や損得など、細々したことにとらわれている』。

これも一見わかりやすい章句です。基本的には、君子になりましょう、小人にはならないように気をつけましょうということですが、それは具体的に何だというと、君子は〝義〟で、小人は〝利〟で考え、行動するということです。

例えば上司と部下との関係で、義を優先して考えるような上司なら気持ちに余裕があるから、部下が失敗しても受け入れる度量というものがあります。でも利を重視する上司だと、自分の立場を守るという損得勘定になりますから、「お前バカか？　辞めてしまえ！」といったパワハラまがいの暴言を吐いてしまうでしょう。リーダーであるなら、君子たれ、小人となるなということですね。

ただここで、今度は部下から見た上司となると、自分がどう扱われるかがわかるのです。論語ではこうした裏表の二面性の解釈がポイントになることが多くあります。この二面性というのは結構大変で、社長のようなトップなら部下ばかりだからいいのですが、中間管理職のように上司も部下もいるとなると事情は少し複雑になるのです。上司のいうことはきかないといけないし、時には諫めることも言わないといけない。部下にも命令をしなければいけない。上の指示をきいてやろうとしたことが下には通じないとか、その基準がわからなくなったりする。こうした時にどう振る舞うのか。それはシンプルに〝徳〟を基準にするのです。徳を基準にして何事も判断する。もしそれで間違ったら、間違った方が悪いと思えばいいのです。

稲盛和夫さんは社長の仕事は決断だと言います。決断する時の判断基準を、「人として正しいかどうかを必ず基準にしなさい」と。正しい決断であれば、結果はどうあれ、悔いを残すこともないというわけです。つまり、右に行くか左に行くかという、その判断基準を学ぶのであれば、論語が一番最適であるといえましょう。

小人は自分の都合のいいように解釈するからおかしくなります。自分の都合で嘘をついて、それがもとで破綻するのです。会社で不正があれば業績が悪くなるのは当然のことだし、場合によってはつぶれたりします。これまでもそんな会社が何社もあったでしょう？　だから、人間は常に〝義〟を優先して何事も判断するべきなのです。

君子はつらいよ

子路、君子を問う。子曰わく、己を脩めて以て敬す。曰わく、斯くの如きのみか。曰わく、己を脩めて以て人を安んず。曰わく斯くの如きのみか。曰わく、己を脩めて以て百姓を安んず。己を脩めて以て百姓を安んずるは、堯・舜も其れ猶諸を病めり。（憲問篇四十四）

ちょっとやそっとでは君子にはなれないのですが、その心構えを知るということだけでもためになります。この章句で少しでもその気分を味わって欲しいのです。

以下、シナリオ風に書きますと――

子　路「先生、君子の条件って何なんですかね？」

孔　子「自分の身を修めて、人を敬うことだよ」

子　路「え、それだけなんですか？」

孔　子「自分の身を修めて、人を安らかにすることだ」

子　路「(首を傾げひとりごち) ふーん、それだけなんだ」

孔　子「(平然と) 自分の身を修めて、世の中のすべての人を安らかにすることだ。それはかの堯や舜といった君子でも病気になるほど悩まれたことなんだよ。君子の条件すらわからないお前にそれができるかい？」

子　路「……」

君子というのは、リーダーとしての立場にあること、その立場に相応しい人格や教養が備わっていることという条件があります。つまり、徳のある者こそがリーダーたる地位につかなくてはいけないのですが、これがなかなか難しいのです。地位と人格、教養が一致しない。だいたい地位についた最初の頃はいいのです。仕事や部下と真摯に向き合って任務にあたる。ところがこれを継続するとなると、とたんに難しくなってきます。

〝四患〟という言葉がありまして、後漢時代の荀悦という学者が唱えたのですが、偽（嘘）・私（私利私欲）・放（でたらめ）・奢（驕り）の四つの禍があらわれたら、国は滅ぶといわれています。だから、トップにいる人が嘘をついたりすると、国でも会社でもメチャクチャになってしまうのです。でも、中国の歴史上で聖天子と呼ばれた貴人の堯や舜でも病気になるほど苦しんだといいますから、君子でいるということは、並大抵のことではありません。

しかも、権力欲と名誉欲は〝魔性の欲〟と呼ばれて、一旦トップに立つと、その地位にしがみついて下りようとはしない。リーダーは自分で出処進退を決めないといけないのですが、徳のない人間ほどそれができないものです。独裁者がそのいい例でしょう。だから権力闘争になって、国でも会社でもクーデターや内部告発が起きて、力づくで引きずり下ろされてしまうのです。

面白いのはここで孔子さんに訊いている子路というのは、前にも書きましたが、弟子の中でも武闘派です。孔子さんはそれを見透かして、「堯や舜といった君子でさえも思い悩んだんだから、ケンカっ早いお前さんはよほど精進しないと君子にはなれないよ」と、戒めているようにも読めます。それを思うととても奥深い章句だと感じます。

偉大なる反面教師

子曰わく、三人行えば、必ず我が師有り。其の善き者を擇びて之に従い、其の善からざる者にして之を改む。（述而篇二十一）

師匠がなかなか見つからなくても、そこいらじゅうにいる反面教師について学べという話。

先師が言われた――『生きている中で、三人の人間と行動をともにすれば、必ず善いお手本となる人物がいるから、それには素直に従って、反対に素行の悪い人間もいるから、それを見れば反省して自分を戒めることだ』。

長い人生の中で、師匠に出会えるというのはメチャクチャ難しいことです。求めたってなかなか善い師匠に恵まれる機会はないのです。師匠には三種類あるといいます。一つには人生の師匠、それからリーダー論を学べる師匠、そして自分の仕事の専門分野の師匠の三つ。この三つすべてを手に入れるのは現実的には奇跡に近いかもしれないですが、それを求めて行くことは大切です。だからというわけでもありませんが、その師匠は故人でもいいわけです。孔子さんでも聖徳太子でもいい。故事歴史に学ぶということだけでも、とても意義があることです。

その逆に、反面教師ならすぐに見つかります。石を投げれば当たるくらい、今日のこれから、今すぐにだって見つけようと思えば見つけられます。

この反面教師も優れた師匠だからおろそかにしてはいけません。やってはいけないことをやって失敗する人というのは、山ほどいるでしょう？　それをやらないでおこうと戒めることができるのですから、反面教師という名の師匠も山ほどいるということです。

だから、本物の師匠がなかなか見つからないなら、申し訳ないですが、身のまわりや会社などに腐るほどたくさんいる、反面教師を探して自戒することをおすすめします。

上司をいかに諫めるか

孔子曰わく、君子に侍るに三愆有り。言未だ之に及ばずして言う、之を躁と謂う。言之に及びて言わざる、之を隠と謂う。未だ顔色を見ずして言う、之を瞽と謂う。（季氏篇六）

（これは上司とはいえ、ちょっと忠告した方がいいな、思い切って進言してみよう）と、そういう状況が会社であるかと思います。下の者には力づくで押さえていうことをきかせることはできても、上の者にはなかなか言うに言えない、みたいな。そんな時にやってはいけない三つのポイントがここには書いてあるのです。

『軽はずみなことを言うな。隠し立てはするな。顔色が読めないのはダメだ』といったことなのですが、軽はずみというのは、小賢しいというか、先回りしてペラペラ喋るみたいな。よくいるでしょう、生意気なのが。それはダメってことです。それから、意見を問われても「わかりません」て言う、隠し立てをするような者もダメ。そして上司の顔色を読めない、場の空気が読めないというのもダメです。

もう少し突っ込んだことが書いてあるのが『呻吟語』です。ここでは進言には四つの難しいことがあるというのです。まず相手がどんな人間かを知るということ。二つ目には自分をわきまえているか、知っているかということ。三つ目には問題の本質をちゃんとつかむ。四つ目には進言するタイミングを考えろと書いてあります。

こんな風に論語でも呻吟語でも、かなりセンシティブというか、繊細な問題であることには違いないのです。これは上司と部下との関係性だけではなくて、夫婦だってそうです。まあ、夫と名のつく人なら少しはおぼえがあるでしょうが、軽口をたたいて叱られ、隠し立てをして責められ、顔色も見ずに喋って睨まれ、結果、ボコボコにされてしまうのです。会社でも家庭でもこの論語の章句を生かして、穏やかに事をすませて、平穏無事であって欲しいものです。

魔性の欲に気をつけろ

孔子曰わく、君子に三戒有り。少き時は血気未だ定まらず、之を戒むること色に在り。其の壮んなるに及んで血気方に剛なり、之を戒むること闘に在り。其の老ゆるに及んでは血気既に衰う、之を戒むること得るに在り。

（季氏篇七）

人間にとって欲望をコントロールするほど難しいことはありません。でも欲望のコントロールがきかなくなると、どんどん増長して破滅に向かうのです。そこで孔子さんは、若い時から欲望を抑えてコントロールできる努力をすることが、徳につながると言っています。

先師が言われた――『君子の道を進もうという者には、三つの戒めがあるんだよ。若い時は血気盛んでどっちにエネルギーを向けるかもわからないから、特に気をつけたいのは性欲だね。壮年になると自分のやりたいことに血気盛んになるから、気をつけねばならないのは、誰かと闘うということだ。年寄りになったら血気が衰えてくるので、気をつけるべきは名誉や権力欲だよ』。

青年期はまあだいたいの人（男）が性欲との闘いを経験するでしょう。へたに誘惑に負けたり、興味本位でいかがわしい場所に出入りしたら、ひどいめにあうことがあります。つい感情的になって、トラブルに巻き込まれることもあります。

壮年になると色々と経験も積んできて自信も出てきます。自分の考えを前面に押し出して主張しがちになりますから、相手にぶつかって争い事になったりするのです。

老年期は生きる意欲も乏しくなってくるから、あとは名誉欲や権力欲にとらわれるだけになってしまいます。こうしたことに注意しなさいと、孔子さんは言っているのです。

論語において起承転結でいえば、二十代は〝起〟、三十代は〝承〟、四十代〝転〟、五十代が〝結〟となります。二十代三十代ならまだやり直しがきくから、反省して欲望をコントロールする努力をすればいいのですが、四十代になってからでは、なかなかコントロールがきかない状態になってきます。特に気をつけたいのは、五十代以上の名誉欲、権力欲でしょう。前にも書きましたが、この欲は〝魔性の欲〟と呼ばれるもので、これをコントロールできない人が実に多いのです。

欲というのは生きる原動力にもなりますから、全部を否定するわけではありません。食欲も性欲も金銭欲も人間には必要なものです。ただ、それに執着しだすと手に負えなくなるのです。それでも食欲と性欲は発散できるし、金銭欲だって貯めるだけの話ですからまだマシな方です。

やっかいなのは魔性の欲です。お金はなくなったらまた稼げばよいのですが、名誉や権力というのは、一度手放すと二度と戻って来ないというのが通説です。政治家を見ればわかるでしょう？　失敗して地位を失ったら、ほとんどは復活できない。だからよけいに執着して、どんな手を使ってでもそこに居座ろうとするのです。

社長でも団体の理事長でも、最初はいい。一生懸命にやるから。でも地位について、名誉と権力が手に入って、人でもお金でも思うようにできるという、その我欲が人を変えてしまうのです。謙虚さに欠けて、驕りが出てきて、いつの間にか関係者から怨まれて、内部告発とかクーデターとか、引きずり下ろされるようになってしまう。

基本は他人評価ですが、トップは出処進退を自分で決めないといけません。でも徳のある人格者でなければいつまでもその地位にしがみつき、そのタイミングを逸して晩節を汚してしまうものです。事件や不祥事を起こしても、自分は悪くないと居座ってボコボコにされている例は、今でもたくさんありますでしょう。

だから人間は、老年になってからそんな惨めなことにはならないように、若いうちから欲をコントロールして自制できるように訓練して、徳を積んでいきたいものだということです。

第五章 生きる

現代は、孔子さんの生きた春秋時代でも戦国時代でもない、平和な時代ですが、モノも情報もあふれ過ぎて、かえって混迷し、複雑な時代になってきています。何を旗印に生きればいいのかもわからない、みたいな。だから、そんな時代だからこそ拝金主義ではない、徳を身につける〝学び〟を続けて、世のため人のために頑張る意義があるといえましょう。

それは首相だろうが社長だろうが一介のビジネスパーソンだろうが、職人だろうが主婦だろうが立場は関係ありません。誰かがそれを身につけることで周りに良き影響を与えることなのですから、人間としての必然的役割ともいえましょう。

人間は誰でも美しく生きて、幸せな人生だったと言ってその生涯を終えたいものです。それには自分から徳をつかみ取る生き方をして、自他ともに、人生をより豊かにすることです。論語にはその正しい生き方が語られ、人間としてこう生きるべきだという念いが込められているのです。

この章では〝いかに生きるか〟をテーマとした章句をご紹介していきます。

十年を振り返れ

子曰わく、吾十有五にして学に志し、三十にして立ち、四十にして惑わず、五十にして天命を知り、六十にして耳順い、七十にして心の欲する所に従えども、矩を踰えず。（為政篇四）

以下、シナリオ風に書くと――

孔子の前に並ぶ弟子たち。

その中の若い弟子の一人が手を上げて、

弟子「先生、お尋ねしたいことがあります」

孔子「何だい」

弟子「先生はどのような人生を歩んで来られたのでしょう？」

孔子「ン？　私か……別にどうってことない人生だよ」

弟子「ぜひおうかがいしたいのですが」

孔子「そうか……私はね、三つの時に父親を亡くした。その後は母親の手一つで育てられた。とても貧しくて自分の手で何でもやったよ。水を汲み、薪を割り、食事をつくり、繕い物もした。父親のいないことを、時にはバカにされたこともあった……でも、貧しくとも母は、学問だけはするようにと、どこからか書を持って来てくれた……学ぶという歓びが私の心の支えになった」

弟子たちはシンとして、身じろぎ一つせず、孔子の言葉に一心に耳を傾けている。

孔子「そうして十五の時に、学問で身を立てようと決心した。それから下っ端の役人になって、倉庫係とか牧場管理とか、色んな仕事をやったよ。給料をもらって、仕事をするのは実に楽しかった。結婚もして子もできた。でもその間も学問はずっと続けた」

と、孔子は物思いに耽るように、長い沈黙を守る。

別の弟子の一人が、

弟　子「先生、私は今三十の齢になりますが、その頃の先生はどんな思いでお過ごしになっておられたのでしょう？」

孔　子「(我に返ったように）三十か……三十になって一つの信念を持って自分の力で立てるように努力を重ねた。そうして四十になる頃にはジタバタとすることもなくなり、信じた道を突き進んだ……五十になった時、天から授かった命をはっきりと悟り……六十にして、素直に耳を傾けて人の言葉を聞けるようになった……そして、七十にしてようやく、心の思うままに話し、行動しても、全く道を踏み外すこともなくなり、こうして穏やかな日々を送れるようになった」

感慨深く聴いている弟子たち。

あなたは自分の人生を振り返り、しっかり向き合ったことがあるでしょうか？　孔子さんはここでその大切さを説いてくれています。日々の反省も大切ですが、こうした十年ごとのスパンで半生を振り返ってみれば、いかに生きてきたかがわかるものです。

十年というのは人間にとっての節目節目となります。二十歳、三十歳、四十歳、五十歳と、その時々で十年を振り返り、自伝をつくってみれば、自分の生き方が浮き彫りになるでしょう。

孔子さんの話から、それぞれの年代のポイントをまとめてみますと

――

十～二十代……将来のことを考え、学問に励み、試行錯誤を繰り返す。

三十代……この年代に自立・独立できるように努力をして頑張る。

四十代……老いに向かって、自分の行く末をしっかり見つめ直す。

五十代　……自分の能力や才能について、過信なく冷静に判断できる。
六十代　……周囲の声に素直に耳を傾け、受け入れられるようにする。
七十代　……好きなように過ごしても、間違いを起こさず人生を楽しめる。

こんな風に十年ごとに考えていくと、心豊かな七十代を迎えるには、それまでの生き方の積み重ねだということがわかるでしょう。当然といえば当然なのですが、人生を俯瞰することはそれほど多くないので、日々の忙しさに追われ、こうした心構えを忘れたりするのです。利己心のまま、欲望のままに生きてきた人というのは、七十代になっても間違いを起こすということです。

最終的に、自分の人生がよかったのか悪かったのか。それも他人評価となります。棺桶に足を片方突っ込んだ時に、周囲の人が自分をどう評価していたのかがわかります。

孔子さんの人生は波瀾万丈でした。子どもの頃は貧しさという逆境にさらされ、壮年期には戦争や権力闘争に翻弄され、五十半ばにして浪人の身となり、十四年間も放浪した。だが、晩年は多くの弟子たちに囲まれ、穏やかな日々を過ごして人生を全うしたのです。

孔子さんの人生を思えば、いかに人間が学び、信念を持って道を進み、天命を知って行動することが大切かを知らされます。どれだけ苦難に満ちた人生でも、〝徳〟を心に抱き続けることで豊かな人生が送れるのだと、この章句は教えてくれるのです。

陰と陽のバランス

子曰わく、参や、吾が道は一以て之を貫く。曽子曰わく、唯。子出ず。門人問うて曰わく、何の謂ぞや。曽子曰わく、夫子の道は忠恕のみ。（里仁篇十五）

世の中にはプラスとマイナス、陰と陽で調和をはかる大切さを、この章句では言っています。

以下、シナリオ風に書きますと――

講義の終わった教室――三々五々弟子たちが帰る中、孔子さんと弟子の曽子が話している。

孔子「私の道は一つの言葉で貫かれているよ」

曽子「はいッ」

孔子「（ニコリとして）よろしい」

孔子、満足そうに去って行く。

その様子を眺めていた後輩の弟子が曽子のもとにやって来て、

弟子「（怪訝に）あのゥ、先生は何の話をされたんですか？」

曽　子「先生の道は誠（忠）と思いやり（恕）ってことだよ」
弟　子「（ポカンと）それだけですか」
曽　子「それだけだよ」

曽子、笑顔で満足そうに去って行く。

この章句は一見そのままの意味でとらえれば、ごく当たり前のように感じるでしょうが、本当のところはイメージするよりずっと深いのです。

孔子さんの道が何で貫かれているかといえば、〝忠恕〟なのです。

この忠恕を文字面だけで考えると〝誠（忠）と思いやり（恕）〟とい

うことになりますが、それでは上っ面の、きれいごとのような解釈になってしまいます。そうではなくて、ここで言うところの〝忠恕〟を〝陰陽〟と置き換えてみます。例えて言うなら、磁石のプラスとマイナスみたいなものです。プラスとプラス、マイナスとマイナスだったら反発しますが、プラスとマイナスだったらピタッとくっつきます。これが忠恕、陰陽の摂理です。

忠というのは、限りなく進歩前進する心のことで、もうイケイケみたいな感じです。一方、恕というのは、如の心、慈悲をもって大きく包み込む如来や菩薩のような心です。つまり、忠を陽、恕を陰という解釈ができます。この陽と陰のバランスをとって調和をはかることが孔子さんの道であるといえるのです。

忠（陽）の精神、イケイケドンドンで突っ走ると疲れて、いつか必ず枯れてしまいます。疲れた時に、ちょっと休んで、心安らぐ恕（陰）に癒やされればまた元気になって走り出せます。逆に忠が薄くて恕が強過ぎれば、前進するエネルギーがないから発展性がありません。つまり、この陰陽のバランスを崩すと、決していい結果は生まないということなのです。

世の中は陰陽の対、バランスで成り立っています。夫婦のような人間関係や、天と地、太陽と月、昼と夜といった自然界もそうです。えらい戦国武将には優れた参謀が必ずついています。名だたる大企業もそうです。カリスマ的な経営者には名参謀がいるでしょう？　松下幸之助しかり、本田宗一郎しかり。だから、陰陽のバランスをとることで、家庭や会社、ひいては自分自身が平穏でいられるというわけなのです。

つまり、この万物を整える調和の心によって、世の中を治めるという正しい道を、孔子さんは貫かれているということなのです。

正しく稼げば悪くない

子曰わく、富と貴とは、是れ人の欲する所なり。其の道を以て之を得ざれば、處らざるなり。貧と賤とは、是れ人の悪む所なり。其の道を以て之を得ざれば、去らざるなり。君子は仁を去りて悪くにか名を成さん。君子は食を終るの間も、仁に違うこと無く、造次にも必ず是に於てし、顚沛にも必ず是に於てす。(里仁篇五)

孔子さんと聞いて、金儲けのことなんか関係ない、清貧な教えだけを説いてくれる聖人君子だと思ったら大間違いです。何度でも言いますが、孔子さんは超リアリストです。ここでは正々堂々、金儲けをおやりなさいと言っています。

先師が言われた――『お金や名声は誰でも欲しいと願うものだ。だから正しい人の道によって堂々と得ればいい。貧しさや低い地位に誰でもいたくはないが、正しい道によって得られないなら、抜け出すのを焦らないことだ。君子というものはいついかなる時でも仁の道から離れない。食事の時にも慌ただしい時にもつまずいてひっくり返った時でも、仁の道から離れることはない』。

この章句を読んでもわかりますが、孔子さんは、正々堂々と金儲けをして、正々堂々と貧しさから抜け出ろと言っています。

日本は士農工商に代表されるように、商売をすること、金儲けをすることに元来低い地位を与えてきました。金儲けは汚いと。今でも金持ちを見れば、何か悪いことをしているんじゃないかと思う人が結構います。でも渋沢栄一が『論語と算盤』を書いたように、人格ある人が正しいやり方で儲けたお金で、世の中を豊かにすることがいいんだという価値観がここでは語られているのです。

渋沢栄一の時代は諸外国と近代的な取り引きが始まったのですが、

日本人というのがモラルを守らず、約束も守らず、金を踏み倒したりしていました。これはいかんということで『論語と算盤』を書いたというわけです。でもそうした不届きな人間は、今でもゴロゴロしています。政治家や官僚が賄賂をもらったり、経営のトップが脱税したり。だからこそ論語的な金儲けをズーッと大事にしていかないといけないのです。

孔子さんのえらいところ、リアリストだというところは、人間の欲望を否定しないということです。それは否定したところで人間の性ですから、絶対になくならないのです。その欲望をなくそうという〝画に描いた餅〟、きれいごとを言うくらいなら、いっそそれを正しい道で満たして、世のため人のために使おうということなのです。

つまり、『利を求むるに道有り』『財を散ずるに道有り』です。人格者が正しい道で稼いだお金を正しいことに使う。そうして世の中が豊かになる。ちゃんと稼いでちゃんと使えば、別にベンツに乗ろうが豪邸を建てようが誰も後ろ指をささないでしょう。尊敬される人間になればいいということなのです。

それとは反対に、貧しさは誰も望まないことです。貧しさから逃れたいというのは誰もが持つ願望です。でもだからといって強盗や詐欺をやって稼いでも、世の中で身を滅ぼすだけです。だから、焦らないで努力して、忍耐強くその時を待てということなのです。

孔子さんの言葉はそれだけにとどまりません。金儲けも貧乏も名声も賎しさも、そうありたい、そうありたくないという、人間の願望としてはいつの時代も変わりようのないものだから、それを仁の道で乗り越えようじゃないかというのです。だから、平穏な日常生活の中でも、調子のいい時でも、ピンチになった時も、いつだって仁の心を忘れないようにしようじゃないかと、孔子さんは説いてくれているのです。

四十にして惑う?

子曰わく、年四十にして悪まるるは、其れ終らんのみ。（陽貨篇二十六）

論語においては、人間は二十歳にして生を受け、四十歳にして成人の齢を迎えます。四十歳になって初めて一人前の人間として認められるのです。そして、二十歳から四十歳までの生き方が面相にあらわれてくる。

リンカーンの有名な逸話があります。友人がリンカーンのもとにある男を連れて来て、「とても有能な男だから使ってやってくれ」と頼みます。でもリンカーンは「人相が悪いからダメだ」と断るんですね。納得のいかない友人は「人を顔で判断するのか」と気色ばむのですが、リンカーンは平然と「人間は四十歳を過ぎれば自分の顔に責任を持つものだよ」と言ったというのです。

つまり、人間が四十歳ともなれば、それまでどういった生き方をしてきたのか、顔を見ればわかるという、論語で言うところのまさに『其の以す所を視』（第二章参照）でありましょう。リンカーンという人物も孔子さん同様、なかなかの苦労人ではありますが、人を視る眼という眼力が鍛えられていたに違いありません。

ですが、人相が悪いからといってあきらめる必要はありません。真っ当な生き方をしてこなかったとすれば、当然面相が悪くなりますが、そこで気づきがあって一度リセットするのか、それともズルズルとそのままの生き方を続けるのか。そのターニングポイントが四十歳という節目なのです。

したがって、一般的にいわれる〝四十は不惑の齢〟という解釈は間違いです。確かにこの章句は、『四十歳にもなって、人からよく言われないようでは終わりだね』という意味ですが、人生を取り返すにはまだ間に合う齢です。いえ、そこからが最後の勝負だと言ってもいいのです。三十代四十代なんてまだまだガキだということです。

三十代だと生意気盛りですから、部下を罵倒したりしても平気です。四十代の社長でもつい感情的になりがちです。それがまあふつうに生きている人間の感性というもので、大切なのはその愚かさに気づいて反省できるかどうかなのです。

四十になって反省として、五十になる一日前まで、惑い続けろ、もがき苦しめと。そして、五十歳になった時に自分という人間が何者であるか、何を為して生きるのか、その天命に気づくということが大切なのです。

ただ、心しなくてはならないのは、四十歳からのチャレンジはラストチャンスです。二十代三十代の失敗はやり直せますが、五十を過ぎてからはきついのです。だからこそ、四十歳になった時に、自分自身を振り返って、注意しなくてはいけないということなのです。

後輩を恐れよ

子曰わく、後生畏るべし。焉んぞ来者の今に如かざるを知らんや。四十五十にして聞くこと無くんば、斯れ亦畏るるに足らざるのみ。（子罕篇二十三）

先師が言われた――『若者だからといってなめてかかってはいけないよ。その能力において、ゆくゆく彼が私たちを追い越さないと誰が言い切れる？　でも、四十、五十という齢になっても謙虚に学ばない、名も通っていないという者などは、最初から畏れるに足りない存在だというものだ』。

これは前章句とワンセットと考えて下さい。会社でいえば四十という節目の齢は、後ろを振り返ると後輩たちがヒタヒタと近づいてきて、場合によっては追い越していくという、そんな年代です。今まで後輩だと思っていた人間が課長職に並ぶ。そうなると嫉妬心がメラメラとわいてきて、こいつ生意気だから、つぶしてやろうかみたいなことになってしまうのです。実際、三十代で社長の器だと言われた人間で、五十まで生き残っている者は誰もいません。才能だけで若くして地位を与えたら、必ず上から下から嫉妬されて、人生七味唐辛子（うらみ・つらみ・いやみ・ひがみ・ねたみ・そねみ・やっかみ）という辛酸に耐え切れずに辞めていくのです。

そんな状態になってはお互いのためにも、会社のためにもなりません。だからそういう時に、もう一回学び直して負けないように頑張る大切さに「気づきなさい」という意味の章句なのです。

四十になった時が成人した時だと思えば、そこからスタートして謙虚に学ぼうとする気持ちになるということです。そうしないと昇進の逆転が始まって、気持ちの余裕を失い、後輩の足を引っ張ってやろうかという、よからぬ誘惑にかられたりするものなのです。

四十になった時に身辺の整理をして、自分自身が会社や社会の役に立っているか、振り返ってよく考えなさいということです。

本当の勇気とは何か

子曰わく、其の鬼に非ずして之を祭るは諂なり。義を見て為さざるは勇無きなり。（為政篇二十四）

先師が言われた――『自分の先祖でもないものを祭るのはへつらうことだ。それが正しくないとわかっているのに何も行動を起こさないのは勇気がないからだ』。

〝義を見て為さざるは勇無きなり〟のくだりはとても有名なので、一度や二度は聞いたことがあるでしょう。ここでは本当の勇気とは何かが問われています。

自分が正しいと思ったら、勇気を持って声をあげて、行動しなさいと孔子さんは言っていますが、これができるようで人間にはなかなかできません。人間はどうしても事なかれ主義というか、安全な方へと身をおきたいという保身の願望があるからです。フィフティフィフティで賛否が拮抗している議論なら、まだ自分の考えも言えるでしょうが、これが一対一〇の立場で言えるかどうかが、本当の勇気といえます。

巨匠、黒澤明監督の名作に『生きる』という映画があります。これは地方都市の小役人が胃ガンで余命がいくばくもないと知り、市民の陳情を受け入れ、命を賭して小さな公園をつくる物語です。彼は正しいことを実行しようとしますが、役所の分厚いタテ割り社会に阻まれたり、利権にからむヤクザに手を引けと脅されたり、市長も反対するといった四面楚歌、ふつうなら到底勝ち目のない一対一〇〇の状況を、不屈の意志を貫き、とうとう公園を造り上げるのです。彼が死んだお通夜の席上、その事実を知った部下たちは酔っぱらい、「俺たちも続こう！」と声を上げるが、結局はそれもできずもとのお役所特有の、〝事なかれ主義〟のままだという皮肉な展開となるのです。

純粋に正しいことを行おうとすれば、命さえも賭けるような、そんな勇気が必要だということです。近頃は社内の不正を告発するといった事例も多くなってきましたが、それも本当の勇気というものでしょう。特に巧妙に隠し立てをして不正が行われるようになった今の時代においては、なおさら必要とされる勇気です。

ただこの勇気というのは、前にも書きましたが、みんなが前に進もうと言っている時に、やはり撤退すべきだという、退くという判断の勇気でもあります。むしろ退くという勇気の方が、意見を言うのは難しいかもしれません。だが、会社や組織がそれによっておかしくなるというのなら、それはそれで主張を貫く勇気が必要です。

要は、他人に流されない、正しく悔いのない生き方をしようということですが、その時に孤独をおそれてはいけません。告発して、もしそれが自分だとわかれば、不利な状況に追い込まれるかもしれません。でもそれが正しい道であり、徳のある行為であるなら、必ず理解者があらわれたり、救われることになります。なぜかというと、そういったことは過去の歴史が物語っているからです。中国の古典を読めばそんな事例は山ほど出てきます。『徳は孤ならず』です。それを信じて正しい道を歩もうということです。

失敗から人を知る

子曰わく、人の過や、各々其の黨に於てす。過を観て斯に仁を知る。（里仁篇七）

「お前、何度同じこと言わせるんだよ。全く学習能力がない奴だ」などと誰かに言ったり、思ったりしたことはないでしょうか。この章句では失敗から人を知るということを紹介しましょう。

先師が言われた――『人の過ち（失敗）というものはね、つき合う仲間や心掛けからしてしまう。だから、過ちの中身を見れば、その人となりがわかるようになってるんだよ』。

孔子さんは失敗の内容でその人の人柄、性格などがわかると言っています。

だいたい人間というのは、同じ失敗、間違いを繰り返すことが多いものです。なぜそうなるのかを考えてみれば、その人となりがわかるというのです。よくあるのがケアレスミス、ウッカリやっちゃったとか。注意しても何度もやっちゃうみたいな。その失敗をする前後の行動を観察したら、どんな人物かわかるというのです。

仕事が集中してパニックになった時にやるとか、何にもないのに簡単にやってしまうとか。それを観察しろというのです。人間の過ちというのは、とらわれの心から生まれます。思い込みというやつです。何にとらわれているのか、何に固執しているのか、それがわかれば自然とその人のことが見えてくると。そうすると、その人に対する接し方や考え方が変わって、理解できるようになるというのです。

その裏を返せば、他人事ではなくて、自分にも当てはまるはずです。自分のことだからこそ、灯台下暗しと言いますか、わかっているようでわかっていないものです。大なり小なり、いわゆるチョンボなんて、日常茶飯事であるはずです。そこをじっくり観察してみると、自分が何に固執しているのか、何に執着しているのか、何にとらわれているのかがわかるのです。そこでの反省の仕方が中途半端だと、また同じことを繰り返すということになります。

例えば（俺は失敗する人間じゃない）と自信過剰で思い込んでいるとか、何かトラウマがあるとか、深掘りすれば本質が見えてくるはずです。そうなれば対処のしようもあるわけで、「何度言えばわかるんだ！」などということもなくなるでしょう。

失敗からその人の本質を見抜くというのは、さすがは孔子さんというか、これぞ実学といったところです。

義は利のもと、利は義の和

子曰わく、利に放りて行えば、怨多し。（里仁篇十二）

利という言葉は論語には度々出てきます。この章句は『自分の利益のことばかり思って行動したら、そのうちお互いに怨みあうようになることが多い』という意味ですが、もう二千年以上前からこれが当たり前のようにはびこっていたのでしょう。

人間というものは本来利（お金）が欲しいですから、リアリストの孔子さんは利を否定しません。でも、利を取る正しい道があると説いているのでありまして、正しく利を取れば、怨みあうようなこともなくなるというのです。

お金を稼ぐ一番の方法は、汗水たらしてコツコツ働くことです。それが本物の利になります。あぶく銭というのは身につかない。ところが現代はＡＩだの仮想通貨だのと言って効率よく利を取ろうとします。確かにそれを考え出した者はすごいです。でも、ＡＩが人間の代わりに働いている間、人間が遊んでいるようではダメなのです。楽して稼ぐという感覚は、ひずみが出てきますから。一九九〇年初頭、バブルの時代がそうだったでしょう？　土地を転がすだけで儲けが何億、何十億もあるなど、最初からおかしいと思わないといけません。

自分だけが損をするのならまだしも、〝お互いに怨みあう〟からこわいのです。お金にまつわる犯罪が多いのもそのためです。利の取り方を間違うと世の中全体が悪い方向に向かうということです。だから、前にも書きましたが、〝義は利のもと、利は義の和〟でないとダメなのです。正しい道によって利をつくり、利は正しい道によって成り立つ。こうした考え方も『易経』や『春秋左氏伝』といった古典に書かれ、語り継がれてきました。

最近はお金持ちの若い経営者であるというだけで、若者は憧れる傾向にあります。彼らは知恵を使って金をばらまき、それに食いつかせて売名行為、ビジネスを展開します。つまり、利を使って利を得るという趣向で、そこには義という文字はありません。モラルに反したり、犯罪ギリギリの行為をして利を得ようとするのは、社会に悪影響しか及ぼさないでしょう。若者にはそうしたビジネスをして欲しくないものです。

稲盛和夫さんの提唱する〝成功の方程式〟というものがありまして、それは〝考え方×熱意×能力〟というものです。能力は0から100、熱意も0から100、ところが考え方はマイナス100からプラス100だというのです。

能力は先天的なものが大きいから変えようがほとんどないのです

が、熱意は大きくも小さくもなるから変えられます。でも一番変えないといけないのは、考え方なんだと稲盛さんは言うわけです。

なぜなら、東大卒で熱意があれば一見最高と思えますが、犯罪に近い発想で人をダマし、金儲けをしてやろうという考え方になるとそれはマイナスだと。つまり、能力100×熱意100×考え方マイナス1＝マイナス1万となるわけです。

人間はお金さえあればと思い、ついお金に眼が眩む瞬間もありますが、そんな時はその利には義があるのか、立ち止まって考えてみて欲しいものです。

当たるも八卦、信じるのも八卦

子曰わく、我に数年を加え、五十にして以て易を学べば、以て大過無かるべし。（述而篇十六）

〝易〟と聞けば、今の人は〝占い〟となると思いますが、ここでいう〝易〟は違います。四書五経の『易経』の易で、占いよりもずっと本人のためになるのです。

先師が言われた――『今の自分に数年を加えて、五十歳になる頃までに、易を学んだら、その先大きな過ちもなくなるだろうね』。

孔子さんはこう言っていますが、〝五十にして四十九年の非を知る（淮南子）〟や〝五十にして天命を知る（論語）〟などの言葉のように、五十歳というのが人間にとっての節目の齢になるというのです。

安岡正篤さんによれば、五十歳で人生がそこで終わる者と、そこから伸びる者の二つに分かれるといいます。例えばビジネスパーソンで五十くらいになると、先が見えてきます。（俺はこれ以上の出世はねえな）みたいな。それから五十年よくやったと自分で慰めて、老後のことなんかを考えたりする。これが大半の人間なのです。でも、中国の古典『淮南子』によれば、五十年経った時に、それまでの四十九年の非をさとって、そこから十年頑張れば、六十になった時に化けるというのです。

そこで易経の登場となるわけです。書かれたのはおよそ三千年前といわれ世界最古の書物ともいわれています。これを理解するのはなかなか難しい。俗に占いを揶揄して〝当たるも八卦、当たらぬも八卦〟といいますが、この八卦は占いのことではなくて、天体とか人体とか森羅万象を指す言葉で、これの組み合わせによって全部で六十四卦あるというのです。

その六十四卦には、自分の人生を考えた時、順風満帆な時や艱難辛苦な時など、ターニングポイントが全部出ていて、それぞれ〝時の物語〟となっています。そしてその時々でしていいことと、してはいけないことが書かれているのです。だからこれを読んでその通りにすれば予防になるというわけです。

例えば四季、春夏秋冬というものがあります。秋の次には必ず冬が来ます。絶対に春が来るわけない。これは天地自然の動かしがたい法則です。では米をつくるのに冬に種をまく人がいますか？　ということです。必ず春にまかないと秋の実り、収穫はあり得ません。これを〝時中〟と言って、まさにその〝時に中《あた》る〟といった意味です。だから、これに反したことをやると必ず失敗するよということで、その時々で、きちんとやるべきことをやる、それが易の原理原則で、大きな禍も未然に防げるということなのです。

結論としては〝当たるも八卦、当たらぬも八卦〟ではなくて必然だということでしょうか。超リアリストの孔子さんが言っているのですから、それは間違いありません。まあ易経はともかく、五十歳の節目に我が身を振り返って、この先さらに発奮するのかあきらめるのか、その差は大きいでしょう。

五十年神の如し

子曰わく、譬えば山を為るが如し。未だ一簣を成さずして、止むは吾が止むなり。譬えば地を平かにするが如し。一簣を覆すと雖も、進むは吾が往くなり。（子罕篇十九）

とにかく一度始めたら、四の五の言わないで最後までやり切れと、学びの心意気を語った章句です。

先師が言われた――『修業というのは例えば山をつくるようなもんだよ。最後にもうひと盛りすれば山が完成するのにやめるのは自分の責任だ。それから地面をなだらかにするのに、最初のひと削りが大事なんだ』。

何事をやるにも、やろうと決めたら最初の一歩が大事で何事も始まらないというのは誰にでもわかることですし、よく聞く話です。でも、問題はそれを継続できるかどうかなのです。前にも書きましたが、学問でも修業でも続けるという、継続が一番難しいのです。

目標を決めてとにかく一歩を踏み出す人は多いですが、ほとんどの人が達成できない現実があります。自分で決めておきながら、達成できないで言い訳するなどは山ほどあるでしょう。やめるならやめるで正々堂々、こういう理由でできなかったと言えばいいのですが、途中であきらめたら卑怯者呼ばわりされるのが嫌で、ともすれば聞き苦しい言い訳をするものです。

〝三日坊主〟とか、〝石の上にも三年〟という言葉がありますが、継続という意味においては〝十年偉大〟なのです。十年単位で続けるということがいい。そうすると〝二十年畏るべし〟〝三十年歴史になる〟〝五十年神の如し〟です。ガタガタ言ってないでまずは十年続けろと。理屈じゃない。十年続けたら、知らない間に人間は変わるのです。

継続するには習慣化するのがいいでしょう。ちなみに、この習慣というのは〝第二の徳性〟と呼ばれているほど大切なものです。徳と習慣というのは木でいえば幹にあたる部分で、枝葉は知識・技能・技術です。だから枝葉ばかりが大きくなると頭でっかちになって木は倒れるのです。

でも、習慣化するにはどうするの？　ということもあります。第一章（ひとりぼっちでは学べない）でも書きましたが、まずは、仲間と一緒に始めるといいでしょう。一人では孤独で、なかなか学びは続かないですから。同じ志を持った数人で、お互いに切磋琢磨して鍛え上げるのです。そうなると「俺だけやめるわ」と言えなくなりますしね。

それと、万全の環境整備が必要になります。修業に費やす時間と経済を考えて、ここまで準備をしておけば大丈夫だというところまでやるのです。エベレストに登るのでも、人を雇わないといけませんし、ベースキャンプをはらないといけません。潤沢な資金と綿密な計画があって初めてできることなのです。

修業をやるにも思いつきではなく、合理的に準備万端しておかないと継続もできないし、目標も達成できないという現実を、この章句で孔子さんは言っているのです。

志は誰にも奪えない

子曰わく、三軍も帥を奪うべきなり。匹夫も志を奪うべからざるなり。（子罕篇二十六）

これは志を持つことの大切さを言っています。

先師が言われた――『大軍で攻めれば敵の総大将を捕虜にすることもできるけど、たった一人のちっぽけな平凡な人であっても、その固い志は奪い取ることはできない』。

志というのはそれほどスゴイものなのです。非常にしびれる言葉です。逆に言えば、自分が何をしたいのかという志は絶対に必要だってことなのです。志がないと生きてはゆけませんから。志がなくなったとたんに生きる屍みたいになるというのは、よくある話です。

ではその志の質はどうなのかといえば、例えば学者レベルの志と中学生レベルの志を比較するなんてのはナンセンスです。生きている世界が違えば志も変わってくる。

志とはそうした相対論ではなくて、絶対論的なものです。自分がこうなりたい、こうありたいという理想が志なのです。そこにあるだけでいいのです。

それから、志は変化するものです。小学校六年生の卒業文集に自分がなりたい職業、こうありたい夢を書くでしょう？　プロ野球選手とかサッカー選手とかパイロットとか。夢というのは、一〇〇％は実現不可能ですし、かなわないという現実があります。

イチロー選手は夢をかなえて大選手になりましたが、それは具体的に志をイメージして、そこに向かってすごく努力を積み重ねたからです。実は志を果たすには、その努力が一番重要なのです。

志の実現に向かってどれだけ努力をするのか。そうすると人間として成長します。だから、中学三年間のうちに、プロ野球選手にはなれないと志を切り替えて、新たな目標に向かって勉強に没頭してもいいのです。その志の良し悪しというのは、他人では絶対にできないことです。志って、誰にも触れられない、個人の絶対的なものなのです。本人が学んでいく中で、視野が広くなって、志も変わったり、大きくなっていくことが大切です。

だから、例えば「私は良いお母さんになって子どもたちをちゃんと育てます」という志だって立派なのです。何も対社会的な壮大な志だけが志ではありません。要は自分自身が望むところ（志）が何なのかということをしっかり考えて、行動するということです。

志は自分自身のことですから変化してもかまいません。でもただ一つ、これだけは言えますが、「人間は常に、目指す志を持ちなさい」ということです。生きる屍になりたくなければという前提ですが。

天を怨むな

子曰わく、我を知ること莫きかな。子貢曰わく、何為れぞ其れ子を知ること莫からんや。子曰わく、天を怨みず、人を尤めず、下学して上達す。我を知る者は其れ天か。（憲問篇三十七）

以下、シナリオ風に書きますと——

孔子が夕陽の射す湖畔にぽつねんと立ち、浮かぬ顔で湖面を眺めている。

それを見かけた子貢が、心配そうに背後に寄る。

子　貢「先生――」

孔　子「（ポツリと）私を知ってくれる者はなかなかいないもんだねえ」

子　貢「エッ、そんなはずはありませんよ。先生のことならみんなが知っています」

孔　子「（語気も強く）知ってはいても、理解をしてはいない」

子　貢「（愕然となり）」

孔　子「天を怨まないで、人をとがめもせず、私はこれまで地道に努力をして、学問を究めようとしてきた……そんな、私のことを本当にわかってくれているのは、まあ天くらいのものかな」

と、微笑んで去って行く。

子貢、孔子の後ろ姿を茫然と見送るしかない。

孔子さんが珍しく子貢に本音を吐露していますが、これも孔子さんの人間らしい一面に感じられます。でも弟子の子貢にとっては思いがけない学びをしています。ここでは孔子さんの長所を通して、筋を通して生きることの大切さがわかります。

一、天を怨みず……不運を言い訳にしない。
二、人をとがめず……他人を責めない。
三、下学して上達す……地道に努力する。

よくいるのが失敗を自分の運のなさのせいにするという人です。それでは人としての進歩もありません。また、他人や環境のせいにしても、同じことです。チャンスは平等ですが、結果は不平等が世の常なのです。結局は地道に努力を重ねて、自分の力で切り拓いてゆくしかありません。

そういった考え方の大切さを孔子さんは言っているのですが、これは当たり前といえば当たり前のことです。それでもなお孔子さんが言わなければならなかったのは、こうした思いが理解されない思いが余ってのことだったのでしょう。それだけ、不運の言い訳にして、他人を責めて、地道に努力をしない人間というものが、孔子さんの生きた時代には多く、そして今日もなお、そうした人間が多いからこそ、こうした章句が身に沁みてわかるというものなのでしょう。

思考の三原則

子曰わく、人にして遠き慮無ければ、必ず近き憂有り。（衛霊公篇十二）

この章句は『目先のことにとらわれないで、先の先まで考えておかないと、かえって身近な心配事に悩まされるものだ』といったわかりやすい意味です。ことにリーダーや経営者なら、このことが大切なのはわかるでしょう。でもそれをいざ実行しようと思っても、心得のない人はどうすればいいのかわからないものです。

それには〝先見力〟と〝洞察力〟が必要です。つまり、先を見通す力と洞察する力なのですが、平たく言えば長期的な視野と対策が必要だということです。経営者は、これを用意して事業に取りかからないと成功はまずあり得ません。これが欠けていると、章句に書いてあるように、目先の問題に振り回されて体力だけを消耗していく。結果、労多くして功少なしということになるのです。

今の時代は情報社会だから夥しい数の、色んな情報が飛び交っています。テレビでは専門家なる人がしたり顔でコメントしていますが、そんなものはまず当たらないと思った方がいいでしょう。だから一層自分自身の力で、長期的視野を身につける必要があります。そのために努力をして、仮に予測を誤ったらその都度修正を加えればいいのです。行き当たりばったりは避けたいということです。

ここで使って欲しいのが、安岡正篤さんの安岡人間学における、〝思考の三原則〟です。長期的・多面的・根本的の、この三つの観点から物事をよく考えたら心配はまずないということですが、ここに大きなヒントがあります。

考えるべきテーマをまず長期的視野で考えます。先にも書いたが、長いスパンで考えれば目先のことにとらわれないですむからです。

そして多面的というのは色んな方向から見るということです。例えばペンは横から見れば長い物体だが、真上から見ると丸い形をしている。このように、あらゆる違った角度から全面的に見ることで色んな可能性を探ってみるのです。

そして枝葉にとらわれず、根本的に何が大切なのか、物事の本質は何なのかを考えてみましょう。

自分がどうなりたいのか、どうありたいのか具体的に決めたら、この思考の三原則に照らし合わせてやっていけばうまくいくはずなのです。

教育が人をつくる

子曰わく、教有りて類無し。（衛霊公篇三十九）

先師が言われた――『人間というものは教育によって善人にも悪人にもなるのであって、生まれた時にその差があるわけではないんだよ』。

これこそ今の時代だからこそ通じる章句でしょう。孔子さんには、生まれた時の能力はみんな同じであり、たとえ生まれた環境に恵まれなくても、その後の教育によって人間は必ず変われるという強い信念がありました。

当然の話ではありますが、子どもに対して、思いやりや他人を大切にする気持ちを忘れないように教育すれば、仁の心を持つ者に成長しますが、間違った教育をされれば、利己心の強い人間に成長します。

だからこそ人間は正しい教育を受けることが大切であると、孔子さんは説いているのであり、この章句の本質なのです。言い替えればすべての子どもたちに、いかに良い教育環境を与えるかということが、今を生きている我々大人たちの務めでもあるといえましょう。

ただ、間違った教育にも様々なものがあります。例えば徳よりも知識を詰め込む、〝才の教育〟を受けたら、それはそれで問題なのです。前にも書きましたが、徳は幹にあたる部分で、枝葉は知識・技能・技術となります。だから枝葉ばかりを成長させると、頭でっかちになって木はいずれ倒れてしまうのです。

そういう意味においては、この論語を大人たちが学び、徳を子どもたちに伝えるということは、とても意義があることです。国語の教科書に載っているような受験用の難しい論語ではなく、子どもたちなりに理解のできる章句を選び、やさしい言葉で伝え、学ばせるのがよいでしょう。

劇作家で直木賞作家でもある井上ひさしさんが生前にこんなことを語っています――『むずかしいことをやさしく、やさしいことをふかく、ふかいことをおもしろく』。

論語もこの気持ちで子どもに語れば、ちゃんと伝わるはずです。そうなれば、子どもは黙っていても、自分から自然と学ぶようになるでしょう。

論語は、孔子さんが生涯にわたって貫くと言った仁の心、思いやりそのものです。そして世界に名だたる教育者である孔子さんや弟子たちの生きた言葉をまとめた書ですから、子どもたちの成長にもきっと役立つはずなのです。

天命を知る

孔子曰わく、命を知らざれば、以て君子たること無きなり。禮を知らざれば、以て立つこと無きなり。言を知らざれば、以て人を知ること無きなり。（堯曰篇五）

以下、シナリオ風に書きますと——

教室の中、整然と並んで座る弟子たちに語りかける孔子。

孔　子「最後に、お前たちに三つの言葉を贈ろう……天命を知らなければ、君子たる資格はない……礼節を知らなければ、世の中でやっていくことはできない……言葉や想いを理解しなくては、人間を知ることはできない」

孔子、穏やかに微笑んで弟子たちを眺めている。

これが論語の最後を飾る章句となります。

孔子さんは言います、まず天命を求めなさいと。天命とは人間が生涯をかけてやり遂げるべき、人としてやるべき仕事です。そしてそれを求め続ける中で、礼節を保たないと人間関係がうまくいかないし、言葉の力や思想を知らなければ、人間そのものを知ることもできないということです。

この世の中に天命を知る者が幾人いるでしょうか？　ほとんどの人間が、天命が何たるかを知らないまま死んでゆくのではないでしょうか。

それどころか、俺は所詮この程度の人間だったのだ、これも運命だと人生半ばであきらめ、ここまでやったから満足だと、後半生を志もなく生きて死にゆく人も多いことでしょう。

ですが、この孔子さんの言葉の中には、人間の運命は努力によって変えることができるという強いメッセージが込められています。だからこそ天命を知り、礼儀や礼節を持て、言葉の力や思想を知れと。その行為によって、一度はあきらめた人生が甦り、生きる糧となり、幸せに生きた証が立てられるのだと――それは孔子さんの人生そのものであるので、否定しようのない事実として語っているのです。

安岡正篤さんの言葉に次のようなものがあります――『人生航路においては辱めを受けたり運命に恵まれなかったり因果に支配されても、すべて天命と受け止めよ。食うもの、衣もののない貧乏生活であっても、楽しみをその中に見出せ』。

そして安岡さんはこうも書いています――『命を知らねば君子でな

いという「論語」の最後に書いてあることは、いかにも厳しい正しい言葉だ。命を立て得ずとも、せめて命を知らねば立派な人間ではない』。

本当は、生きている人それぞれに天命は与えられているのです。ですがそれを知って、行動を起こすという、その行為を生涯続けて、追い求めるという、それはとてつもない困難と苦難に満ちている道です。

だからこそ、安岡さんは「楽しみ」を見出せと言い、「せめて命を知らねば」と言っているのです。

君子の道のりは果てしなく厳しいものです。「別に君子にならなくたっていいよ」という人もいるでしょう。でも、人間に生まれついた以上、自分をより高めて、世の中や人のために役立つというその天命がそれぞれにあるのです。そして、待ち構える困難に打ち勝ち、乗り越えるたび、人間として成長をするという歓びはなにものにも代え難いものなのです。

論語は冒頭にも書きましたが、人間そのものの姿です。論語を学ぶことはあなたの人生をより豊かにし、同時に世の中をも他人をも豊かにします。孔子さんはそれを身をもって知り、為した人でありました。

そして、この章句を論語の結びとしたのは、お弟子さんたちの切実な願い、孔子さんが目指した理想、夢という念いが込められていることは、想像に難くありません。

あとがき

最後まで目を通していただき、感謝申し上げます。

今回、このようなかたちで「論語」に関する本を出版できたことは、望外の喜びであります。私の好きな言葉に「縁尋機妙、多逢聖因」がありますが、数々の良縁のおかげで本書を出版することができました。

冒頭にも書きましたが、私自身、もともとは歯科医として日々生活をしておりました。それが娘の病気をきっかけに、古典の世界にのめり込むようになりました。厄年が終わって、それまで好き勝手に生きてきた私ですが、安岡正篤さんの書をはじめとする古典に出会って生き方を変えることを決意し、人について、そして人生そのものについて学び直すことにしたのです。学び始めるとその奥深さに魅せられ、数々の古典に触れることも多くなりました。

より深く古典を学びたいという気持ちが抑えられず、守屋洋先生が主宰する「守屋塾」に通い、いろいろな中国古典を学ぶ機会をいただきました。毎月一回、東京に上京し始めて今年で十年目になります。

ある時、岡山の経営者仲間から、古典を教えてもらえないかと、依頼がありました。もとより、私自身、古典を専門とする研究者ではありませんし、いわゆるアマチュアです。そこで、守屋先生に相談した

ところ、

「ぜひ、やってみなさい。最初はこの本から語ったらいいでしょう」

と丁寧に教えていただき、五十歳を過ぎてチャレンジすることになったのです。それから、毎月、経営者仲間と勉強会を始めました。今では人生に役立つ「古典活学塾」として八年目になります。この塾で私が「論語」を語ったものをまとめたのが本書になります。


初めて論語にふれる人でも、できるだけ、わかりやすく、やわらかい言葉でまとめたつもりです。論語は決して、かたく、むずかしいものではなく、日常の生活に役立つ言葉がつまっている宝の山です。私自身が生きていくうえで、非常に役に立った章句を選んだつもりです。論語の言葉が人生の一助となることを願っています。

また、本書をまとめることができたのは、私の古典活学塾での講義を毎月聴いてくださった塾生の皆様のおかげです。本当にありがとうございます。

最後に、いつも深い理解で私を支えてくれている職場の皆さん、そして家族にも感謝の意を表したいと思います。

ありがとうございました。

平成三一年四月

小林充治

〈著者紹介〉

小林充治（こばやし・みつはる）

株式会社アスペック代表取締役。医療法人オリーブ オリーブファミリーデンタルクリニック顧問。
昭和35年広島県尾道市向島町生まれ。岡山大学歯学部卒、同大学大学院歯学研究科卒。歯学博士。平成4年オリーブファミリーデンタルクリニック開業。平成7年医療法人オリーブ設立。平成15年株式会社アスペック設立。岡山大学歯学部臨床教授。広島大学歯学部客員講師。著書に『「運命」はひらける！』（プレジデント社）がある。

装丁——256

人間を見極める
人生を豊かにする「論語」

2019年6月5日　第1版第1刷発行

著　者　小林充治
発行者　安藤　卓
発行所　株式会社PHP研究所
京都本部　〒601-8411　京都市南区西九条北ノ内町11
マネジメント出版部　☎075-681-4437(編集)
東京本部　〒135-8137　江東区豊洲5-6-52
普及部　☎03-3520-9630(販売)

PHP INTERFACE　https://www.php.co.jp/

組　版　朝日メディアインターナショナル株式会社
印刷所　図書印刷株式会社
製本所　図書印刷株式会社

ISBN978-4-569-84047-5

PHPの本

道をひらく

松下幸之助　著

運命を切りひらくために。日々を新鮮な心で迎えるために――。人生への深い洞察をもとに綴った短編随筆集。40年以上にわたって読み継がれる、発行520万部超のロングセラー。

定価　本体八七〇円（税別）